# 基督教文化研究丛书

主编 何光沪 高师宁

初编 第**1**册

灵殇：基督教与中国现代性危机

刘 平 著

花木兰文化出版社

国家图书馆出版品预行编目资料

灵殇：基督教与中国现代性危机／刘平 著 -- 初版 -- 新北市：
花木兰文化出版社，2015〔民 104〕
序 6+ 目 2+150 面；19×26 公分
（基督教文化研究丛书 初编 第 1 册）
ISBN 978-986-404-192-3（精装）
1. 基督教 2. 中国
240.8                                    104002080

ISBN- 978-986-404-192-3

9 789864 041923

# 基督教文化研究丛书
初编 第 一 册                    ISBN：978-986-404-192-3

## 灵殇:基督教与中国现代性危机

作　　者 刘　平
主　　编 何光沪 高师宁
执行主编 张　欣
企　　划 北京师范大学基督宗教文艺研究中心
总 编 辑 杜洁祥
副总编辑 杨嘉乐
编　　辑 许郁翎
出　　版 花木兰文化出版社
社　　长 高小娟
联络地址 台湾 235 新北市中和区中安街七二号十三楼
　　　　 电话：02-2923-1455 ／传真：02-2923-1452
网　　址 http://www.huamulan.tw 信箱 hml810518@gmail.com
印　　刷 普罗文化出版广告事业
初　　版 2015 年 3 月
定　　价 初编 15 册（精装）台币 28,000 元

# 灵殇:基督教与中国现代性危机

刘 平 著

## 作者简介

刘平，复旦大学哲学博士，曾在加拿大维真学院（Regent College）、香港浸会大学等地进修，美国加州大学贝克莱分校（UC at Berkeley）、美国协同神学院（Concordia Seminary at St. Louis）、英国牛津大学（Oxford University）、美国西敏神学院（Westminster Theological Seminary）、香港汉语基督教文化研究所等访问学者，现为复旦大学宗教学系副教授，主要研究领域为犹太教哲学、圣经学等，担任山东大学教育部犹太教与跨宗教中心（教育部重点人文社科基地）研究员、"当代西方圣经研究译丛"主编（合作）等。曾在《世界宗教研究》、《道风》、《维真学刊》、《犹太研究》、《世界宗教文化》等国内外学术刊物发表各类论译文、中英文50余篇，出版（合）译著10部、专著1部等。

## 提　　要

本专著的主题是基督教与中国社会的现代性之间的关系问题。针对上述主题，本专著从八个方面作出自己的阐述。第一，基督教的圣经正典自圣经入华以降对中华文明以及现当代中华文明产生出一定的影响力。第二，戊戌变法中的双士（即基督教的传教士与中国士大夫）相遇于处于急剧从传统社会向现代社会转型的晚清变革时代，都以不同的方式以现代化为自己的关注点，从而使得双方有可能在社会转型中携手推进晚清社会向现代转轨。第三，现代社会发展的一个新的趋向即全球化，一方面，它对汉语基督教神学构成冲击，另一方面，汉语基督教神学有可能对之作出思想回应。第四，在当代中国现代性困境中耶稣和恺撒之争日趋明显。为了形成以圣经为根基的政教关系当代中国需要确定基督教的基本原则。第五，当代中国都市社会正在面临的一个普遍危机：众人都在忙忙碌碌。以基督教圣经中的工作观为依据，新教提出三种工作伦理，对当代中国社会的工作危机提出回应，即当代中国社会需要一种以圣经为本的顺应天道的都市工作伦理。第六，中国大陆基督徒学人身处于中国现代化跨世纪的市场诉求中。一方面，他们要立足于大陆的市场经济体制之中，另一方面要建构十架神学面对教会中涌现出来的迎合市场经济的荣耀神学或成功神学。第七，中国天主教徒在当代现代化语境中遭遇到各种问题，强调"与时俱进"或"跟上时代"，这种适应策略可能印证了"掘墓人假设"。最后，以当代中国新教的家庭教会正在世俗化处境中对抗世俗化以达到在今世的成圣功夫。

献　给

所有关心基督教与中国社会的中国大陆基督徒学人

# "基督教文化研究丛书"总序

## 何光沪 高师宁

　　基督教产生两千年来，对西方文化以至世界文化产生了广泛深远的影响——包括政治、社会、家庭在内的人生所有方面，包括文学、史学、哲学在内的所有人文学科，包括人类学、社会学、经济学在内的所有社会科学，包括音乐、美术、建筑在内的所有艺术门类……最宽广意义上的"文化"的一切领域，概莫能外。

　　一般公认，从基督教成为国教或从加洛林文艺复兴开始，直到启蒙运动或工业革命为止，欧洲的文化是彻头彻尾、彻里彻外地基督教化的，所以它被称为"基督教文化"，正如中东、南亚和东亚的文化被分别称为"伊斯兰文化"、"印度教文化"和"儒教文化"一样——当然，这些说法细究之下也有问题，例如这些文化的兴衰期限、外来因素和内部多元性等等，或许需要重估。但是，现代学者更应注意到的是，欧洲之外所有人类的生活方式，即文化，都与基督教的传入和影响，发生了或多或少、或深或浅、或直接或间接，或片面或全面的关系或联系，甚至因它而或急或缓、或大或小、或表面或深刻地发生了转变或转型。

　　考虑到这些，现代学术的所谓"基督教文化"研究，就不会限于对"基督教化的"或"基督教性质的"文化的研究，而还要研究全世界各时期各种文化或文化形式与基督教的关系了。这当然是一个多姿多彩的、引人入胜的、万花筒似的研究领域。而且，它也必然需要多种多样的角度和多学科的方法。

　　在中国，远自唐初景教传入，便有了文辞古奥的"大秦景教流行中国碑颂并序"，以及值得研究的"敦煌景教文献"；元朝的"也里可温"问题，催生了民国初期陈垣等人的史学杰作；明末清初的耶稣会士与儒生的交往对话，带来了中西文化交流的丰硕成果；十九世纪初开始的新教传教和文化活动，更造成了中国社会、政治、文化、教育诸方面、全方位、至今不息的千古巨变……所有这些，为中国（和外国）学者进行上述意义的"基督教文化研究"提供了极其丰富、取之不竭的主题和材料。而这种研究，又必定会对中国在各方面的发展，提供重大的参考价值。

就中国大陆而言，这种研究自 1949 年基本中断，至 1980 年代开始复苏。也许因为积压愈久，爆发愈烈，封闭越久，兴致越高，所以到 1990 年代，以其学者在学术界所占比重之小，资源之匮乏、条件之艰难而言，这一研究的成长之快、成果之多、影响之大、领域之广，堪称奇迹。

然而，作为所谓条件艰难之一例，但却是关键的一例，即发表和出版不易的结果，大量的研究成果，经作者辛苦劳作完成之后，却被束之高阁，与读者不得相见。这是令作者抱恨终天、令读者扼腕叹息的事情，当然也是汉语学界以及中国和华语世界的巨大损失！再举一个意义不小的例子来说，由于出版限制而成果难见天日，一些博士研究生由于在答辩前无法满足学校要求出版的规定而毕业受阻，一些年轻教师由于同样原因而晋升无路，最后的结果是有关学术界因为这些新生力量的改行转业，后继乏人而蒙受损失！

因此，借着花木兰出版社甘为学术奉献的牺牲精神，我们现在推出这套采用多学科方法研究此一主题的"基督教文化研究丛书"，不但是要尽力把这个世界最大宗教对人类文化的巨大影响以及二者关联的方方面面呈现给读者，把中国学者在这些方面研究成果的参考价值贡献给读者，更是要尽力把世纪之交几十年中淹没无闻的学者著作，尤其是年轻世代的学者著作对汉语学术此一领域的贡献展现出来，让世人从这些被发掘出来的矿石之中，得以欣赏它们放射的多彩光辉！

2015 年 2 月 25 日
于香港道风山

# 《基督教文化研究丛书》初编　书目

## 历史

## 文学艺术

## 圣经研究

## 法学

# 灵殇：基督教与当代中国的灵命危机
## ——作者序言

### 一、中国出现深刻而普遍的灵命危机

二十世纪八十年代以降，一个正在崛起的中国在外形上已经呈现为一个巨大的实体：她矗立在东方，已经醒来，曾经被凌辱、贫穷的过去成为她不懈奋斗的动力；她获得了生机和活力，不再唯唯诺诺或故步自封地窥视周围的世界，走出黄土高原、荒漠戈壁、黑山白水，夹带着廉价的产品、勤勉的劳作、污染的环境、丛生的社会问题在地球村上求生存和谋发展。

但是，在辉煌和黑暗交织的广阔背景之后，我们不得不承认一个不得不直面的难题：深刻而普遍的灵性匮乏的中国正出现在二十一世纪的世界舞台上——道德沦丧、良知泯灭、自我和肉欲泛滥、解构一切的超越、媚俗和恶俗流行、金钱至上……

### 二、两次革命的后果："根"在何处扎根？

当代中国社会之一切灵命危机现象应当放在由西方开启、中国正在穷追不舍的现代性方案之中来理解。二十一世纪初中国的全部日程表就是"实现现代化"。现代性的一切辉煌和病症同时在中国上演，究其原因就是：最大化地追求空间物质/权力的占有，外在不断积累的财富推动着中国重塑一百五十年前丧失的自信，与此同时，内在灵性正在普遍地荒漠化。

至今，中国现代性方案以两次文化革命最为彻底。二十世纪七十年代晚期的中国结束了一次狂热、全民参与的文化大革命（1966－1976 年），而在八

十年代初逐步开始了新一场狂热、全民参与的经济革命（1978－）。如果说第一场革命旨在以阶级斗争意识形态来主宰社会和日常生活的一切方面，那么第二场革命则以资本意识形态的扩展和渗透为主导特征。具有讽刺意味的是，第二次革命是对第一场革命的彻底颠覆：被第一场革命否定的价值观再次被肯定——用民间话语表达就是"一夜回到解放（1949 年）前"。但是，在观念领域，两场革命均以牺牲传统来换取所谓的现代化——阶级政治的现代化和经济现代化，所以这种感觉上的"回到"并不是在"根"上回到传统中国社会关系、结构和价值观，而是"似曾相识"解放前初露端倪的资本主义及其问题。第二场革命既因为生存的紧迫性和危机性而来得更加彻底，也因为历史和现实的需要而显得理直气壮。直至二十世纪晚期，第二次革命荡涤一切传统，传统在被清除，传统自身也正迅速自我消失在历史博物馆和民间深处记忆之中。

传统以及表征传统的价值观和实践符号丧失了。教导人心、提供安身立命之本的儒释道以及民间信仰既在被一部分人遗忘，又自二十一世纪开始急速地由一部分人积极恢复着。但是，"根"扎根何处？这依然成为一个迫切而无现成答案的问题。我们赖以维系的生命支柱风雨飘摇。属灵家园在何处？自二十世纪八十年代晚期，先知式的话语已经在中国响起：人文精神失落了！[1]道德滑坡了！道德沦丧了！[2]……学者们开出各种药方。至二十一世纪，新一剂药方出现在灵命病历上：儒教国教化[3]。姑且不论儒教一说是否成立，儒家

---

1　二十世纪九十年代，关于人文精神的论争成为中国文化和学术界广为关注的时代主题。这场论争由文学领域发起。1993 年第六期《上海文学》发表对话录《旷野上的废墟》，开始明确提出"文学的危机实际上暴露了当代中国人人文精神的危机"。在此之后，"人文精神"论争超出学术藩篱和地域限制，从文学领域扩展到其他人文学科，并成为人们普遍关注的焦点。关于这场讨论，参阅王晓明编：《人文精神寻思录》，上海：文汇出版社，1996 年，第 1 版。

2　二十世纪九十年代，社会急剧变迁中的道德观念的嬗变以及道德素质的现状成为社会讨论的焦点，学术界出现了"道德滑坡论"与"道德进步论"之争。关于当代中国道德现象分析的著作可以参阅刘智峰主编：《道德中国》，北京：中国社会科学出版社，1999 年 9 月第 1 版。

3　2004 年，阳明精舍儒学会讲、读经之争、甲申文化宣言和《原道》创刊十周年纪念等一系列活动使文化保守主义在公共论域颇受关注。2005 年，中国人民大学成立国学院，中国社科院成立儒教研究中心，大陆官方和民间公开祭孔，再次使儒学成为各界关注的焦点。其中，因中国人民大学成立国学院而引发的"国学大讨论"，成为 2005 年最为重要的思想文化事件。时任中国人民大学校长的纪宝成于2005 年 5 月发表文章《重估国学的价值》，引发媒体、网络、学界的热烈讨论，

国教化似乎以间接方式借鉴西方传统——让儒家像基督教传统在西方那样成为社会结构的价值基础，发挥规范人伦道德的作用。本书并不讨论儒教或儒家，而是认为面对强大的灵性大紊乱局势，在中国一波三折的基督教信仰丰富的灵修传统和实践能够成为我们思想资源中的一个有机组成部分。

## 三、基督教传统中的灵修：四重因素

　　基督教传统中的灵修传统绵延近两千年。耶稣带给人类的大好消息就是"天国近了，人要悔改"（马太福音3：2，4：17[4]）。其中的要旨是人要时时刻刻因为神的恩典并藉着人的悔改而建立神人之间的和好关系。一般而言，基督教的灵修离不开四个因素：读经、祈祷、团契生活和与人分享。这四个因素和基督徒的历史经验和知识共同构建成基督徒整全、健康和均衡的生命。它们既是基督徒在世上立根的四大途径，也借此途径而不断地更新与神之间的关系，从而在世俗社会中抵抗着世俗，在解构灵命的后现代处境之中建构对超越的追求。上述四个要素在四个方面抵抗着当代社会中的各种流弊。

### 读经 vs.赚世界

　　读经不仅意味着人的属灵生命以神的话语为食粮，生命的根不在于赚取世上的荣华富贵，而是将心放在神的话语之上，也意味着人生活的最高目的是荣耀神。与这种以神为中心的价值观形成鲜明对比的是，现代人的时间表被各种事务填满，以至于没有时间或不愿意花费时间亲近神的话语。面对神的话语，现代人陷入"无时间状态"——无暇或不愿阅读、倾听神的话语，所有的时间被物质/权力或对物质/权力的欲望所占据，一切的时间空间化、物质化。

　　在当代中国，无论是"外邦人"非基督徒，甚至是不少基督徒均生活在这种状态之中。他们将成功视为人生的目标（在基督教会中甚至出现了"荣耀神学"或"成功神学"并大行其道）。而现实的成功又具体化为金钱和权力。人类自身创造的物质和权力成为人自身的神祇，人在膜拜自己的创造物，希冀在人造的物质财富和权力中获得永恒，而忘记一切受造物的真正主人，

---

　　引发出"国学之辩"。在这次讨论中，"大陆新儒家"蒋庆等人倡导儒教国教论。这种争论一直延续至今。

4　本书所引用圣经译本，除了特别注明之外，均引自"和合本"。

而人自身不过是他的管家，只有依靠神的话语人才会知道有永生（约翰一书5：13）。

"无时间状态"的后果之一就是人迷失在物质世界之中，在将物质/权力塑造为神灵的同时，真实的那位神就因为人的偶像崇拜而被遮蔽，神隐而不显——一个神蚀的世代已经来临了。事实上，物质/权力在成为人的主人之后，人的灵性错失在各种外在的利益旋涡之中，一旦忘记世上工作的真正目的，而以人造物为至高目的，人自身就成为物品，一个以金钱为底色的物品。而**读经则表明人不将一切有形视为最高目标，而将心灵的皈依作为人生在世的最高企求，无形之道将一部分人拣选为神的儿女，使之得到天国的福祉。**

### 祈祷 vs.信息泛滥

手机、电话、网络成为当代中国人的生活方式之一。我们通过有线或无线电波传递各种信息，电讯已经将人与人之间的距离拉近。但是，忙碌的当代人在快速、便捷的信息网络中忙碌，以至于没有时间甚至不愿与神通电话，让泛滥的信息淹没，窒息于茫茫无际的信息，一切的人与人之间的关系、人与自然、人与社会之间的关系"似乎很近，其实很远"。姑且不说那些无神论或其他宗教信仰者，甚至连基督徒也成为"星期日基督徒"（Sunday Christian），在主日崇拜之后将神的归给神，将恺撒的归给自己。

祈祷是静默和独处，是人自己和神之间切切的相依。它存在于神人的共在关系之中，是喧闹的世界上的"方舟"。它让人在忙碌之中有一份闲暇、从容和淡定。因此，祈祷可以为每日的灵命提供食粮和甘泉，让人将每日的困难、苦恼、喜悦和痛苦、成长和跌倒向神倾诉。祈祷是个人和神之间的约会，是人的心灵和神共在的时刻。祈祷将人放在与神共在的时间之中，将灵魂沐浴在神的临在之中。它既让人的心灵上的苦难得到缓解，让人的罪过因为神的恩典并藉着人的信心而得到赦免，也让人在一切物质/权力面前以神的话语为最高权威，让人的心灵顺服在神面前。

祈祷不是一种自言自语，不是"临时抱耶稣的脚"（有难才想到神，一旦生活顺利就将神扔到忘川之中）。祈祷是神人之间互动的对话，在这种对话中人全然将自己交托给神，以圣灵的果子仁爱、喜乐、平安、忍耐、恩慈、良善、信实、温柔、节制（加拉太书5：22—23）为生命的甘泉，并以此来对抗世上各样的不义、邪恶、贪心、阴险、嫉妒、凶杀、好斗、欺诈、幸灾乐祸、好说谗言、毁谤人、憎恨神、凌辱人、傲慢、自夸、制造恶事、

忤逆父母、冥顽不灵、不守信用、冷酷无情、没有恻隐之心（罗马书 1：29
—31）。

### 团契生活 vs.个人放逐

团契生活就是在基督的身体之中过圣洁的生活。基督教传统的主流并不
倡导荒漠隐修，毋宁说它要求基督徒要在世上活出基督的样式。团契生活表
明基督徒不是山林中的道士或佛教僧侣，也不是所谓的"文化基督徒"——
仅仅在文化层面上皈依基督但是缺乏团契生活的"名义上"、"灵性放逐"
的"基督徒"，他或她心甘情愿地接受洗礼，归到基督的身体之中，并和基
督徒群体建立主内的关系。因此，基督教传统将自身建立在共同体之上，在
共同体生活之中活出基督的容美。在这种共同体之中，基督徒传讲、分享神
的话语，并在这种传讲和分享之中相互在神面前悔罪、勉励和得心灵上的长
进。由此，我们可以说，基督教传统的灵修是以建立在神的话语之上的共同
体的方式来传天国的喜讯的，并以共同体的方式面对基督的仇敌，并生活在
基督的仇敌之中。

如果说祈祷更多地属于个人和神之间的关系，那么团契生活则使基督徒
生活在基督的身体之中，不与恶人为伍，反与虔敬的人相互提携，并在这种
相互提携之中学习彼此尊重、谦卑与忍耐、关爱。

基督徒的团契生活区别于其他任何组织和机构的一点就在于它"为了基
督"、"藉着基督"并"在基督之中"学习与人相处的功课。换言之，基督
徒的团契生活不是个人表现的舞台，也不会以个人的名利为圭臬，相反，这
种以爱为纽带的共同体生活成为各种版本的个人中心主义的解毒剂。如果说
祈祷和读经尚多是一种独处的生活，那么基督徒的团契生活就是一种群体的
生活。独处和群体生活相辅相成：独处默想神的话语，团契生活则分享神的
话语。

### 与人分享 vs.个人主义

与人分享就是面对世界讲述信仰旅程上的经历，或者说讲述个人和神之
间关系的故事。基督教传统中的灵修不仅仅是斗室之中或仅仅局限于小群体
的自我反省和悔罪，也面向公共世界敞开，不以福音为耻（罗马书 1：16）。
这种敞开既是个人信仰坚定的表白，也见证了这种信仰的执著。这种"敞开"
既意味着人将自己作为器皿宣讲神的作为，也显明灵性生活本身是一种公共

生活，或者说是公共生活中的一个部分。一个不愿意或不敢将信仰见诸于众的基督徒，其中的主导原因就是他或她的灵命贫弱。与人分享的力量并不来自于人，而是来自于圣灵的工作。如果有圣灵寓居于个人的心灵之中，人必有勇气和胆识、智慧来面对公共世界。

基督徒的与人分享说明基督徒的灵修生活不仅是静默和独处，更是一种世上生活。这种生活不仅存在于基督徒之中，也与非基督徒共同存在。但是，与人分享既不是一种独语、独白，更不是一种强迫。与人分享的本质是将个人和基督的相遇宣告给世上的人，但是听众是否能够皈依基督并不取决于人自身的宣讲，而取决于圣灵的工作。与人分享实际上还是基督徒的服务工作，他或她愿意为神的福音而宣讲自己经历的神人相遇的故事，藉此将人从一己之利中超拔出来，学习在罪恶世界之中度一种顺服、牺牲、奉献的生活。

## 四、圣洁和公义的生活乃是可能的

我们生活在当下，而当下的生活沦陷于物质/权力欲望嚣张而灵性被贬损的困境之中。今天的中国民众在急迫地接受现代性方案之后，因为灵性的匮乏亟需基督教传统中的灵修传统。这种"亟需"既是当代中国"基督教热"的写照，也反衬出当代中国灵性生活的匮乏。基督教传统中的灵修以神的话语为中心，在神人之间的个体关系以及人人之间的群体关系中，基督徒学习属灵的功课，并面对各种非基督教信仰见证信仰自身。基督教传统的灵修所蕴涵其中的神本精神，能够有力地反拨人类中心主义、个人主义、物质主义、消费主义等等带来的弊端，它让当代中国人灵命危机的前头显露出一种亮光：超越世俗又在俗世中过圣洁和公义的生活乃是可能的，基督不仅存在于欧美，存在于彼岸，也存在于我们自身追求圣洁和公义的生活之中。

对于这种可能性，笔者希望借助于这部小书而从当下中国现代化语境中给出自己的探讨。尽管这种探讨是浅陋的，但是的确是真诚而真实的。笔者自己盼望读者能够对此探讨作出回应。不论是批判，还是心有同感，都是笔者所欢迎的。

# 致　谢

　　本书中的部分章节已经出版，谨在此向原出版机构同意使用原载于它们刊物或书籍上的文章表达谢意。本书中已出版的部分包括：

　　《灵殇：基督教与当代中国的灵命危机——作者序言》原刊于《神州交流》（澳门：利氏学社），原题目为：《灵殇：人有病，人知否？——基督教与当代灵命危机》，2007 年 10 月。

　　第二章原刊于《文化中国》（加拿大）卷十第一期（2003 年第一期），原题目为：《双士相遇与戊戌变法——论传统与现代性之间的知识分子》。

　　第三章原刊于《维真学刊》（加拿大）第九卷 2001 年第三期，总二十五期，原题目为：《全球化挑战基督教神学的回应》。

　　第四章原刊于《恩福》（美国）第 6 卷第 2 期，原题目为《从社会和谐看基督教的定位》，2006 年 4 月。

　　第五章原刊于《科学·信仰与人生》（宁夏：宁夏人民出版社），高惠珠、王建平主编，原题目为：《工作与安息：顺应天道的都市工作伦理——都市生活与基督新教工作伦理初探》，2007 年。

　　第六章原刊于《基督教与中国》（年刊）第五辑（美国：恩福基金会），原题目为：《市场经济与中国基督徒学人的成功观与终极价值观》，2007 年。

# 目次

# 导　言

　　笔者十多年来一直在思考一个现实的难题：基督教与现代中国社会的关系到底应当如何理解？进言之，基督教与中国现代性之间的关系到底应当如何理解？之所以会有这类问题盘旋在个人的学术关怀之中，其中的直接原因是基督教虽然在当代中国社会中是合法的五大宗教之一，但是，这种合法性似乎并没有理所当然地帮助推论出如下结论：基督教与中国现代社会之间具有一种合法的关系。换言之，现实处境中的中国基督教并没有与中国现代社会之间形成一种合法关系。导致这种合法性受到质疑的理据有多种：基督教是帝国主义侵略的工具；基督教是一种私人的宗教信仰，无关乎现代中国社会现代化建设方案；新教中的家庭教会之存在是对现有政治建制以及建制教会的挑战，是美国等敌对势力反华的手段之一；罗马天主教与中国天主教爱国会之间剪不断理还乱的关系不利于中国现代化和社会的稳定与和谐……。所有这一切或隐或显的反基督教的论点和看法，并不会因为学界或教界避而不答，或限于学术和教会而不作出正面回答，就可以得到实际的解决。实际上，这些论点和看法，自二十世纪反基运动以来，非但没有有所减弱，反而有所强化。正是这种出自于现实与历史的考量，让笔者心生一种愿望，即希望自己能够从理论与现实两个方面探讨基督教与中国社会现代性之间的关系。

　　本专著的主题是"基督教与中国社会现代性"之间的关系问题。首先，笔者在本书中所论及的"基督教"（Christianity）是广义上的基督教，其中包括罗马天主教、新教（Protestantism，在汉语语境中，又被称为"基督教"）以及东正教等。而所谓的"现代性"，尽管学术界的观点众说纷纭，笔者认为，根据彼得·伯格的看法，现代性是"在复杂的技术条件下经济增长所产生的制度与文化上的伴随物。"[1]这里通常所指的现代性制度特征包括：现代民族－国家，科学和技术成就，资本主义和／或社会主义，大众传媒以及现代高等教育；所有这一切都在极其复杂的现代城市环境内运作；文化上的伴随物则包括：现代特有的对技术和技术统治的迷恋，现代制度生活普遍官僚化，现代人对筹划未来的执著与对过去的"传统"反感相交织，现代个体主义倾向以及令人难以理解地偏好内省和自恋。[2]这种现代性的定义并不与现代中国社会相互矛盾，毋宁说，两者之间存在着一定的内在关系：后发的中国现代化方案正在不断地验证着这种定义，或者说中国现代化方案无法摆脱现代性的限定。在这种意义上，从基督教的角度对中国现代性的批判和分析就不是一种隔山打虎，而是有的放矢———"的"即中国的现代性及其问题，"矢"就是基督教的神学思想传统。这样的有的放矢的恰恰是希望中国的现代性可以或多或少免于西方已经显明出来的危机。笔者希望这种希望并不是一位人微言轻的学者的一厢情愿，而是希望这种希望能够引起学界、教界和社会的关注，从而让我们的危机至少不是重蹈他人的覆辙。

针对上述主题，本专著从八个方面作出自己的阐述。第一，拙著从基督教的圣经正典对中华文明的影响入手，以大尺度的历史脉络和具体而真实的事实说明圣经入华以降对中华文明已经产生出一定的影响力。一方面，这种影响力体现在圣经已经构成当代中华文脉的支脉和血经，另一方面，这种影响力特别明显地体现在圣经对中国现代社会生活发挥着润物细无声的积极作用，不仅浸润着华夏文明的日常生活、陶冶中华美学世界、催生改革和现代化的潮流、化育中国学识，而且滋补当代社会主义核心价值观。第二，拙著以戊戌变法中的双士（即基督教的传教士与中国士大夫）相遇经验为例，探讨双士都身处于传统和现代交替时代之间，彼此相遇于处于急剧从传统社会向现代社会转型的晚清变革时代，而双士之间都以不同的方式以现代化为自己的关注点，从而使得双方有可能在社会转型中携手推进晚清社会向现代转

---

1 彼得·伯格（Peter Berger）：《献祭金字塔：政治伦理学与社会变迁》（*Pyramids of Sacrifice: Political Ethics and Social Change*）（Garden City, NY: Anchor, 1976 年），第 34 页。转引自纪克之（Craig M. Gay）：《现代世界之道》（*The Way of the [Modern] World: Or, Why It's Tempting to Live As If God Doesn't Exist*），刘平、谢燕译，北京：北京大学出版社，2010 年，第 1 版，第 8 页。

2 纪克之：《现代世界之道》，同上，第 8—9 页。

轨。这从一个侧面说明基督教对中国社会的现代转型以及现代化方案并不是毫无积极意义可言的。第三，拙著探讨现代社会发展的一个新的趋向即全球化与汉语基督教神学之间的关系，试图描述全球化对汉语基督教神学的冲击以及在全球化时代汉语基督教神学有可能作出的思想回应。这是一个尚在进行中的难题和课题。这样的处境无疑又是汉语基督教神学自唐代景教以来所从来未曾遇到过的局势。笔者深知全球化对汉语基督教神学发出深入肌髓的冲击，但是尚处于探索中的汉语基督教神学需要时日与努力拿出自己的理论解释。第四，拙著将自己的思考具体落实到当代中国现代性困境中的耶稣和恺撒之争。若从整个两千年的基督教会史来看，这种争论并无新颖之处。它在本质上要处理一个重要的理论问题：耶稣是主？抑或恺撒是主？在当代中国，对于这个在基督教诞生之初就面临的难题，具有历史上的似曾相识。但是，由于基督教在历史长河中已经具有两千年的历史经验和理论总结，对于这种难题的解答就并非非此即彼的断语可以简单回答的。在笔者看来，就当前中国基督教的语境而言，无论是以灵魂得救为惟一要旨的基要派，还是以社会得救为宗旨的自由派，它们都需要先就基督教在当代中国社会的作为问题认识到一定的基督教政治实践本身要追问自身实践的首要原则。只有先将实践的理论前提梳理清楚，入世与不属世的对立才会有所缓解。第五，拙著进一步将自身的思考具体化，讨论当代中国都市社会正在面临的一个普遍危机：众人都在忙忙碌碌。笔者试图以基督教圣经中的工作观为依据，介绍新教三种工作伦理，对当代中国社会的工作危机提出回应，即当代中国社会需要一种以圣经为本的顺应天道的都市工作伦理。第六，拙著将研究的角度转向中国基督徒学人。在近三十年中，当代中国大陆出现了一个松散而人数微乎其微的共同体，即中国大陆基督徒学人（Christian Scholars in Mainland China，简称 CSMC）[3]。他们身处于中国现代化跨世纪的市场诉求中。市场经济下的中国基督徒学人的处境非常艰难，一方面要立足于大陆的市场经济体制之中，另一方面要面对教会中涌现出来的迎合市场经济的荣耀神学或成功神学。但是，边缘且几乎可以忽略不计的 CSMC 正在以自己的经验和认识来作出自己的回应。第七，拙著以金鲁贤（1916－2013 年）以及上海天主教为

---

3　该提法出自温伟耀：《神学研究与信仰》，收录于香港汉语基督教传统研究所主办的"年青学人神学工作坊"（2007 年 7 月 9－13 日）的会议文集《神学与当代汉语学术语境》。该名称指在中国大陆大学体制中从事基督教学术研究的学人。

研究对象，在区分"中国天主教徒"和"中国的天主教徒"之间似乎无区别的差别之后，讨论中国天主教徒在当代现代化语境中所遭遇到的各种问题，并认为一定的宗教若过于强调"与时俱进"或"跟上时代"，这种适应策略可能印证了"掘墓人假设"，即已经与之适应的时代反过来将一定的宗教埋葬。最后，拙著特别以个案探究当代中国新教的家庭教会在中国的普遍世俗化处境所面临的各种问题，试图以鲜活的案例将现代性中的一个主要元素即世俗化[4]揭示出来。笔者的结论是，当代中国新教的家庭教会正在世俗化处境中对抗世俗化以达到在今世的成圣功夫，这是一场漫长且艰辛的战争。另外，拙著还附录笔者自己先后访谈的两位学者——宋泉盛（C. S. Song，1932－）和 Bernardo Cervellera——的访谈录。这两篇访谈录并非与本书主题无关，实际上是亚欧学者从局外人的角度针对当代中国基督教的神学问题给予的解答。这种解答当然通过访谈的方式铺陈开来，但是的确给身处中国现代化方案中的人提供了一些具有启发性的观点。

另外，就本书所谈论到"现代中国"（modern China）这个概念，由于在将"现代"一词应用于"中国"语境时，它与西方的"现代"概念并不对应，拙著特别将中国的"现代"加以限定。它以鸦片战争前后为起点，并经历清末民季、民国、中华人民共和国三个历史阶段，从而避免所谓的"近代"、"现代"、"当代"的区分。因此笔者在本书中所涉猎到的现代中国的基督教历史和时间以此历史划分标准为准。

---

4 关于现代性与世俗化的关系特别参阅纪克之：《现代世界之道》，同上，第 16—22 页。

# 第一章　圣经对中华文明以及现代
## 社会的影响

若研究"基督教与中国社会现代性"问题，我们不得不从基督教的圣经正典开始。基督教是一个以圣经为自己的信仰、思想与实践之标准与尺度的宗教。"基督教与中国社会现代性"问题理所当然最终要归回到圣经来寻求理据和价值观。正是出于这种认识，本章探讨基督教的圣经正典对中华文明的影响。由于这部正典对中华文明的影响虽然久远，但是实际上仅仅从中国现代历史开启之初才真正开始对中华文明产生出实质性的影响，所以，本章一方面追根溯源，依据《大秦景教流行中国碑颂并序》记述，远在唐太宗年间的 635 年，流行于西亚的聂斯脱利派[1]之一支跋山涉水来到当时的国都长安（今陕西西安），受到帝王的礼遇并"翻经书殿，问道禁闱"，讲述耶稣"圆廿四圣有说之旧法，理家国于太猷"，耶稣死后"亭午升真。经留二十七部"。此支派被命名为景教，曾在大唐盛世"寺满百城、家殷景福"[2]。另一方面，本章认为自景教在中土从事圣经翻译以降，圣经在中华文明中落地，后经宋的犹太教[3]和边疆地区的景教[4]、元的也里可温教[5]、明清的罗马天主教、

---

1　莫菲特（Samuel Hugh Moffett）：《亚洲基督教史》，香港：基督教文艺出版社，2000年，第 177－196 页。

2　翁邵军注释：《汉语景教文典诠释》，香港：汉语基督教文化研究所，1995 年，第54、49、58 页。学者一般认为，"廿四圣有说之旧法"、"二十七部"分别指旧约、新约。

3　参见沙博理（Sidney Shapiro）编著：《中国古代犹太人：中国学者研究文集点评》，北京：新世界出版社，2008 年。特别参见荣振华、李渡南：《中国的犹太人》，耿升译，郑州：大象出版社，2005 年，第 347－351 页。

4　参见龚天民：《唐代基督教之研究》，香港：基督教辅侨出版社，1960 年；罗香林：

清朝的俄罗斯东正教[6]，以及特别自清末民季的基督教[7]、新中国建立特别是新时期后的中国基督教即新教和中国天主教[8]，圣经在中华大地上虽因时局变迁而不断经历磨难和坎坷[9]，但是一直未彻底销声匿迹，最终在中土生根，以汉语、方言、少数民族语言和盲文言说着自己的好消息[10]，不仅在高庙大堂与皇亲国戚"问道"，而且也为巷陌市井的引车卖浆者所津津乐道，所以，历经一千三百多年的风霜雨雪在大江南北、西域东海扎根开花，香飘中华民族的日常人伦和高深学理，已然成为美丽中国的一道风景。而这种影响真正发挥效力的时间与中国一百五十多年的现代历史基本一致。

## 第一节　圣经是中华文脉的支脉和血经

圣经对中华文明以及中国现代社会产生影响的第一步是将圣经译为华夏大地上中华民族可以自己使用的汉语、方言、少数民族语言、盲文以及其他表达途径（语音朗读和手语）。如果没有全体中国人、不同地区、不同民族以及不同特殊需要人士自己可以阅读、听读和眼读的圣经，就没有中国基督徒，就没有中国基督教，也就没有中国的基督教文学艺术以及学术研究。

《唐元二代之景教》，香港：中国学社，1966 年；朱谦之：《中国景教》，北京：东方出版社，1993 年；林悟殊：《唐代景教再研究》，北京：中国社会科学出版社，2003 年。

5　陈垣：《元也里可温考》，上海：商务印书馆，1923 年。

6　张绥：《东正教和东正教在中国》，上海：学林出版社，1986 年 10 月第 1 版；乐峰：《东正教与中国文化》，《世界宗教研究》2000 年第 4 期。另外参见乐峰：《东正教史》，北京：中国社会科学出版社，2005 年。

7　为了叙述方面，本书所用的"基督教"包括天主教（罗马天主教和中国天主教）、东正教以及新教即汉语中所谓的"基督教"。但是，书名中出现的"基督宗教"所指的是包括天主教、东正教和新教在内的普世宗教，为保留原貌，本书不做任何修改。

8　参见赵天恩：《当代中国基督教发展史（1949－1997）》，台北：中国福音会，1997 年。

9　关于犹太教的"正经"即希伯来圣经在中土经历的波折可以参见沙博理（Sidney Shapiro）编著：《中国古代犹太人：中国学者研究文集点评》，同上，特别参见第 221 － 244 页。关于基督教的圣经在中土的历史可以参见沙百里（Jean Charbonnier）：《中国基督徒史》，耿升、郑德弟译，北京：中国社会科学出版社，1998 年。该书叙述了基督教在华从景教到 20 世纪 80 年代的历史。

10　关于这些语言文字的中土圣经译本，参见海恩波（Marshall Broomhall）：《道在神州：圣经在中国的翻译与流传》（*The Bible in China*），蔡锦图译，香港：国际圣经协会，2000 年。

白日陞译本的《玛窦攸编耶稣基督圣福音》（即《马太福音》）1：1－7

马礼逊译本（1823 年）的《圣马窦传福音书卷一》（即《马太福音》）1：1－6

第一部东正教圣经中文译本的《宗徒玛特斐述》（即《马太福音》）1：1—5

　　中国人可以自己阅读的圣经之翻译工作最初由传教士们完成，后华人接棒独立成就辉煌的移译大业。[11]巴黎外方传教会传教士白日陞（Jean Basset，1662–1707 年）给后世留下第一部私藏但未刊行的罗马天主教中文圣经译本（约 1700 年），新教的马士曼（Joshua Marshman，1768－1837 年，中译名有马歇曼、麦西门、麻书曼等）和马礼逊（Robert Morrison，1782－1834 年）[12]分别在印度和中国（1822 年，1823 年）完成最早出版的足本中文圣经译本以及第一部在中华大地上刊出的足本中文译文，俄罗斯东正教在华神父古里·卡尔波夫（Гурий Карпов，生卒年代不详）也曾第一次将东正教圣经译为中

---

11 参见尤思德（Jost Oliver Zetzsche）：*The Bible in China: The History of the Union Version, or the Culmination of Protestant Missionary Bible Translation in China*, Nettetal: Steyler Verlag, 1999)。中译本参见《和合本与中文圣经翻译》，蔡锦图译，香港：国际圣经协会，2002 年。另外参见赵维本：《译经溯源：现代五大中文圣经翻译史》，香港：中国神学研究院，1993 年。

12 谭树林：《马礼逊与中西文化交流》，北京：中国美术学院出版社，2004 年；谭树林：《马礼逊与中国文化论稿》，台北，宇宙光全人关怀机构，2006 年；顾长声：《马礼逊评传》，上海：上海书店出版社，2006 年。

文（1864 年）。传教士的译经活动以新教的国语和合本（1919 年）和罗马天主教的思高译本（1968 年）为颠峰，直至今日依然成为华人世界通用的新教和天主教中文圣经译本。1919 年后，圣经翻译在中国步入新的历史时期，开始主要由中国人自己承担。以第一部华人新教足本中文圣经译本"王宣忱（1879－1942 年）译本"（1933 年）为代表，华人译本至今层出不穷。中土移译圣经经过传教士和中国人自己的辛勤耕耘，呈现出"百译齐放、百本争鸣"的局面。[13]无论是传教士们主持翻译的圣经，还是后来华人独立完成的圣经，实际上都有华人间接或直接付出的心血。特别就前者而言，华人译者往往因为作为"助手"隐匿在历史风尘之中而被后世所遗忘[14]。在华圣经移译本身就是一个中华文明与犹太－基督教文明之间交流与对话的过程，是两种文明之间相互理解和学习结出的果子。中文译本《圣经》现今已经在中华文明中与《论语》、《金刚经》、《道德经》、《古兰经》等构成繁经似锦的中华文脉中的一个重要支脉。

圣经对中华文明最为明显而直接的影响是它本身成为一部中国基督徒的人生指南书，且被喻为"灵奶"[15]、灵粮、天粮。在中华大地上，不论是在景教建立的大秦寺，还是在现代具有哥特式风格的上海徐家汇天主教堂和以圆形穹顶为特色的东正教堂中，圣经都是主日崇拜或弥撒必备的圣书。信众手捧圣经，或查阅，或诵读，或默想，都以圣经为信仰和实践的正典。圣经最初以及最终对中华文明发生影响正是通过中国人自己接受透过圣经而彰显出来的信仰而完成的。我们至今不知道第一位中国基督教的信徒是哪一个人，但是，明代的圣教三柱石——徐光启（1562－1633 年）、李之藻（1565－1630 年）、杨廷筠（1562－1627 年），以及第一个中国新教教徒蔡高（1788－1818 年）、第一位中国新教牧师梁发（1789－1855 年）、第一个留美海归容闳（1828－1912 年）、国父孙中山（1866－1925 年）、中国的抗日总统蒋介石（1887－1975 年）与夫人宋美龄（1897－2003 年）、"基督将军"冯玉祥（1882－1948

---

13 参见丁光训、金鲁贤主编：《基督教大辞典》，上海：上海辞书出版社，2010 年 11 月，其中与圣经翻译相关的词条。另外参见刘平：《〈圣经〉在中国道成肉身的 1370 年（635－2005 年）》，《基督教学术》第六辑（上海：上海古籍出版社），2008 年，第 43－56 页。

14 游斌：《被遗忘的译者：中国士人与中文〈圣经〉翻译》，《道风》第 27 期（2007 年），第 227－249 页。

15 彼得后书 2：2。

年）、第一位女大学生和第二位大学女校长吴贻芳（1893－1985年）……，都已经载入中国史册。但是，这类中国基督徒的名录可能难以数页纸来记录，更何况无法计数的籍籍无名的中国基督徒们！今日中国基督徒人数至少有三千万，[16]他们都是透过阅读圣经而了解基督教，并最终顺服了圣经所揭示的以耶稣基督为个人救主的信仰。[17]所以，宋尚节（1901－1944年）将圣经称为"血经"[18]，喻其重要性如同维系人命脉的血液一样宝贵和不可或缺，圣经更是将血液等同于生命[19]。对于基督教的信仰共同体而言，圣经成为宗教生活的基石和信仰动力的来源。如果说利玛窦（Matteo Ricci，1552－1610年）在《天主实义》中论证圣经与中国典籍之间并非水火两立，而是彼此"协调"的关系，以此来为耶稣会的同化论策略张目[20]，那么，与西儒们偏爱圣经学理不同，普通信众则从圣经中汲取心灵的慰籍和源泉。姑且不论创建中国内地会的戴德生（James Hudson Taylor，1832－1905年）[21]、创制滇东北老苗文的柏格理（Samuel Pollard，1864－1915年）[22]、生在中国葬在中国的李爱锐（Eric Henry Liddell，1902－1945年）[23]，他们都是来自英国的普通信众，为了圣经中昭然显明出来的信仰，带着爱来到中国，以基督的牺牲精神将自己奉献给中国，单单就中国信徒而言，"中国摩西"黄乃裳（1849－1924年）在戊戌变法失败后带领中国人远涉重洋来到南洋的沙捞越，建立诗巫新福州，上演一出中

---

16 参见 David Aikman: *Jesus in Beijing: How Christianity Is Transforming China and Changing the Global Balance of Power*，（Washington, DC: Regnery Publishing, 2003年），第7－8页。在该书中，作者认为，到2003年，中国有7000万基督教即新教教徒和1200万天主教教徒。金泽、邱永辉主编：《中国宗教报告（2010）》，北京：社会科学文献出版社，2010年。该书代表中国官方，认为我国现有基督徒约占全国人口总数的1.8%，总体估计为2305万人。英国学者林保德（Tony Lambert）在他的著作《中国基督徒亿兆》（*China's Christian Millions*, London: Monarchy Books, 1999年）中认为，中国基督教福音派信徒在3000－5000万之间。

17 关于华人基督徒的传记材料可以参阅网站"华人基督教史人物辞典"：http://www.bdcconline.net。

18 宋天真编：《失而复得的日记：宋尚节日记摘抄》，北京：团结出版社，2011年，第124页。

19 参见创世记9：5等处。

20 谢和耐（Jacques Gernet）：《中国文化与基督教的冲撞》，于硕、红涛、东方译，徐重光校，沈阳：辽宁人民出版社，1989年，第18－20页。

21 参见戴德生：《献身中华——戴德生自传》，香港：宣道出版社，2000年第5版。

22 参见阿信：《用生命爱中国——柏格理传》，郑州：大象出版社，2009年。

23 约翰·W.凯迪（John W. Keddie）：《奔跑人生》，北京：华夏出版社，2008年。

国版本的出埃及记[24]，文革浩劫中，无名的中国信徒从圣经中获得生活的勇气和力量[25]，"最美志愿者"廖智（1985－）将 2008 年汶川地震带给个人的巨大苦难转化为祝福他人的"鼓舞"[26]……。圣经藉着他们对圣经的信心而改变他们自己的生命，同时也改变着中国社会的面貌，成为中华文明的祝福。

## 第二节　圣经浸润华夏文明的日常生活

在二十一世纪的今日中国，每到圣诞节来临，在商场、酒店、旅馆、咖啡馆等商业性场所，都有与圣诞节相关的元素，例如圣诞树、圣诞音乐、圣诞老人、圣诞礼物，这些圣诞元素制造出来的热闹、欢乐、喜庆的气氛让教堂里的节庆活动反而映衬得有点冷清。尽管这种圣诞元素在教堂之外以商业利益为目的，但是，其存在本身与流行可以成为圣经元素进入当代中国特色社会主义文化的一个例证。只是被过圣诞节的人绝大多数并不知道圣经本身只有"圣诞"，而没有"圣诞节"，有关于神的独生子道成肉身的记载，而没有告知耶诞的具体年日。耶路撒冷马槽里的牛驴都要比大祭司更了解第一个圣诞节，对于当代中国人也概莫例外。[27]

中国自民国元年以降正式采用公元为纪年之法[28]。这又是在无意之中采纳了圣经元素，并使之成为每日生活中被忽略但必不可少的圣经因子。一方面，公元历法以耶稣诞生为纪元的起点，此前为"主前"（拉丁文：*ante Domini*，意为"基督降世之前"，缩写为 BC 或 B.C.），此后为"主后"（拉丁文：*anno*

---

24　梁元生：《十字莲花：基督教与中国历史文化论集》，香港：基督教与中国宗教文化研究社，2004 年，第 40－50 页。

25　参见邓肇明：《承受与持守——中国大地的福音火炬》，香港：基督教中国宗教文化研究社，1998 年。

26　2008 年汶川大地震中，廖智失去下肢，但是以鼓上舞台激励他人。2013 年"4·20"地震发生后，廖智第一时间奔赴灾区，成为一名救灾志愿者，网友将她称作雅安地震灾区的"最美志愿者"。
　　参见网站：http://club.kdnet.net/dispbbs.asp?boardid=2&id=9158595；
　　　　　　　http://club.kdnet.net/dispbbs.asp?boardid=1&id=9154658&read=1；
　　廖智的博客：http://blog.sina.com.cn/guwuchina。

27　迈克尔·基恩（Michael Keene）：《基督教概况》，北京：北京大学出版社，2005年第 1 版，第 135 页。

28　王尔敏：《中国人与礼拜日制》，收录于林治平主编：《近代中国与基督教论文集》，台北：宇宙光出版社，1981 年，第 291－305 页。根据该文，在唐代西历传入中国。

*Domini*，意为"基督降世之后"，缩写为 AD 或 A.D.），表明耶稣基督是历史和时间的中心。[29]另一方面，以创世记为依据的七日一周的星期制度也随之在中国盛行百年[30]，甚至从"礼拜一"到"礼拜日"或"礼拜天"的称呼本身也是因为这种星期制度而成为中国百姓的日常语言和生活习俗的一部分。[31]所以，中华文明自从不再以农历为全国通用的历法，每一年和每一周都受惠于圣经——当我们说公元 2013 年的时候，其原来的意思是"自主耶稣基督诞生 2013 年"；当我们说到"礼拜日"的时候，其原来的意思是人要六日工作，第七日是做礼拜的日子，要礼拜神[32]。

在当代汉语中，圣经中的大量词汇、典故成为中国日常语言密林中的一部分。为当代中国人耳熟能详的圣经词汇包括"耶稣"、"基督"、"圣经"、"基督徒"、"弥赛亚"、"以色列"，圣经中的重要典故已经如同同样外来的伊索寓言一样与中国文化水乳交融。当代汉语也会使用"伊甸园"[33]来比喻人类美好和谐的世界，用"诺亚方舟"来描述人类绝境中的希望，以"爱人如己"[34]来论证普世伦理中的"金规则"，用"犹大"来指称背信弃义的人，用"替罪羊"来指无辜受到冤枉的人，"十字架"最为当代汉语所熟悉，常常等同于"基督教"，有时也表示人类遭受的苦难。耶稣的登山宝训也为中国人所熟悉，可能大多数人并不知道登山宝训典故的具体出处，但是耶稣高妙的道德格言常常从中国人口中流露出来："有人打你的右脸，连左脸也转过来由他打"[35]、"要爱你们的仇敌"[36]、"你施舍的时候，不要叫左手知道右手所作的"[37]。这些教导蕴含着圣经的精义——体现为"报

---

29 公元，又称耶元、西历、阳历、国历，以耶稣诞生年作为纪年的开始。实际上现代学者认为，耶稣出生于公元前 6—4 年；为了淡化宗教色彩，现代人多半改采用"公共纪元"（Common era，缩写为 CE 或 C.E.）与公共纪元前（Before the Common Era，缩写为 BCE 或 B.C.E.）。参见阿尔文·J.施密特（Alvin J. Schmidt）：《基督教对文明的影响》，上海：上海人民出版社，2013 年，第 332—333 页。

30 太平天国曾经采取安息日制度。

31 顾长声：《传教士与近代中国》，上海：上海世纪出版集团、上海人民出版社，2004 年 7 月第 1 版，第 414 页。

32 参见出埃及记 20：8，34：21，35：3；以赛亚书 56：2，58：13—14 等处。

33 创世记第 3 章。

34 利未记 18：1。

35 马太福音 5：3。

36 马太福音 5：4。

37 马太福音 6：3。

怨以德"[38]的爱的精神，已经融入中华文明的道德思想。

圣经及其伦理思想落实到中国百姓的寻常生活中，从根本上彻底改变了一部分的习俗。传教士和中国信徒怀着圣经中浸透的强烈的人道关怀，积极参与改造中国社会陋习的活动。他们大力推行禁烟运动，反对鸦片贸易和吸食鸦片的恶习，中国信徒席胜魔（1835－1896 年）和颜永京（1838－1898 年）成为禁烟运动的领袖，最终在中外信众的努力下，清廷颁布禁烟章程（1906年）。他们还发动妇女解放运动，其中的天足运动倡导废除自五代后唐摧残中国妇女的缠足之风，最终天足成为时代主流，又臭又长的裹脚布被送进历史博物馆，裹小脚风俗彻底消失在中华大地上。这场席卷中国半边天的天足运动成为中国妇女解放运动的滥觞。[39]此外，圣经中独特的生命观即尊重每个个人的价值，直接帮助中国人重新思考中国人并不认为是重大罪恶问题的杀婴、弃婴、堕胎、活人献祭、厚葬、纳妾等地方或民族传统风俗，在移风易俗、改进社会精神风貌上可谓功不可没。直至今日，中国人依然生活在圣经带来的清新的社会风气中而浑然不知不觉。

## 第三节　圣经陶冶中华美学世界

文学、音乐、艺术、电影等可以用文字、声音、形象、实物以及影像转达圣经中的基本元素。而且检验一部经典是否成为中华文明之有机组成部分的标准之一就是中国人是否有意识地以美学方式表达自己的生存经验。就此而言，圣经在中国文学和音乐领域中所取得的成就最高，其次是艺术和电影等。圣经对中国文学、艺术和音乐发挥影响的一个特点是在时间上先于圣经译本在中土面世。早在圣经移译为中国语文之前，圣经已经藉着这些途径渐渐进入中华文明大家庭之中。

就中国文学和音乐而言，它们不仅包括以圣经为元素创作出的作品，而且有以圣经为主旨、饱含圣经精义的杰作。在圣经翻译并刊行于中土之前，与圣经相关的创作就已经成为中华文化的一个部分。罗明坚（Michele Ruggieri，1543－1607 年）的《中国诗集》（约 1582－1588 年）以十二首七言

---

38 《道德经》，第 49、63 章。
39 参见汤清：《中国基督教百年史》，香港：道声出版社，2001 年再版，第 617－620页；阿尔文·J. 施密特：《基督教对文明的影响》，同上，第 91－92 页。

绝句谈论耶稣的一生[40]，艾儒略（Giulio Aleni，1582－1649 年）模仿三字经撰写的《天主圣教四字经文》（1642 年）成为了解圣经及其要义的启蒙读物，[41]景教、犹太教、罗马天主教在中土建立宗教崇拜建筑，十字架、摩西五经卷轴等宗教艺术品成为十字寺、会堂和教堂的必备[42]；如果《大秦景教三威蒙度赞》是《荣归主颂》的最早中文译本，堪称中国最早的基督教赞美诗，那么，吴渔山（1631－1718 年）的《天乐正音谱》则是中国人自己创作的最早、具有中国风格的赞美诗[43]，康熙皇帝甚至依据福音书创作出的七言绝句《十字架赞》，可能是最早有关圣经福音书的帝王诗："功成十字血成溪，百丈恩流分自西。……五千鞭挞寸肤裂，六尺悬垂二盗齐。惨恸八垓警九品，七言一毕万灵啼。"具体而言，在圣经翻译并刊行于中国之后，在中国文学领域，圣经本身堪称中国翻译文学作品的一种。中国圣经翻译，既是这部犹太－基督教文学经典转化为中国文学著作的过程，也是中国文学再创作圣经的过程。后一方面特别体现在中国人自己以中国文体或诗体译经，诸如译界泰斗严复（1854－1921 年）曾用文言文译出马可福音，吴经熊（1899－1986 年）博士运用古诗体翻译诗篇，李荣芳（1887－1965 年）则用骚体译出耶利米哀歌，从而使得圣经具有信达之外的古雅之风韵。真正具有文学品味的官话和合本恰逢在新文学运动前夕完成，成为新文学运动的先锋之作。这部译本忝列中国最早用白话文翻译的著作中最为准确、审慎的上乘译本，销量百万计，为开拓白话文学的先驱们提供了一块他山之石，无形之中对新文学运动起到了推波助澜的作用[44]。仅仅就圣经中文译本而言，在中国现代、当代文学史上，几乎所有的著名作家和文学理论家，在五四运动以降近百年的文学历程中，前如鲁迅（1881－1936 年）、郑振铎（1898－1958 年）、茅盾（1896－1981 年）、

40 Gianni Crivelle: *Preaching Christ in Late Ming China: The Jesuits' Presentation of Christ From Matteo Ricci to Giulio Aleni*, Taipei: Ricci Institute for Christian Studies, 1997。中文译本参见柯毅霖：《晚明基督论》，王志成等译，成都：四川人民出版社，1999 年，第 115－116 页。

41 同上，第 265－270 页。

42 参见顾卫民：《基督宗教艺术在华发展史（唐元明清时期）》，香港：道风山基督教丛林，2003 年。

43 肖耀辉、熊国才：《云南基督教》，北京：宗教文化出版社，2004 年，第 96－97 页。

44 参见魏克利（Janice Wickeri）：《和合本与中国新文学》（The Union Version of the Bible & the New Literature in China），刊于《翻译家》（*The Translator*）第 1 卷第 2 期，1996 年。

林语堂（1895－1976 年）、许地山（1894－1941 年）、王统照（1897－1957 年）、周作人（1885－1967 年）、郭沫若（1892－1978）、郁达夫（1896－1945 年）、田汉（1898－1968 年）、成仿吾（1897－1984 年）、冰心（1900－1999 年）、卢隐（1898－1934 年）、苏雪林（1897－1999 年）、张资平（1893－1959 年）、闻一多（1899－1946 年）、徐志摩（1897－1931 年）、巴金（1904－2005 年）、老舍（1899－1966 年）、萧乾（1910－1999）年、曹禺（1910－1996 年）等[45]，后如王蒙（1934－）、宗璞（1928－）、张洁（1937－）、张贤亮（1936－）、北村（1965－）[46]、张晓风（1914－）、史铁生（1951－2010 年）、杨牧谷（1945－2002）、朱晓琳（1956－）、舒婷（1952－）、海子（1964－1989 年）以及其他当代诗人[47]在自己的作品中引证、评述或介绍过圣经。中文圣经译本特别是国语和合本的流传，不仅让中国文学家们间接或直接接触到圣经，中国学者和文学家们对圣经文学性的评介则更进一步促进了圣经在中国的传播、接受和转化。圣经通过他们的价值取向、情感方式和审美情趣，影响到现代、当代文学的文学语言、艺术风格和美学内涵，乃至影响到现代、当代文学的整体风貌。[48]

---

45 关于这个主题的著作参见如下著述：马佳：《十字架下的徘徊：基督宗教文化和中国现代文学》，上海：学林出版社，1995 年；杨剑龙：《旷野的呼声：中国现代作家与基督教文化》，上海：上海教育出版社，1998 年；王列耀：《基督教与中国现代文学》，：广州：暨南大学出版社，1998 年；王本朝：《二十世纪中国文学与基督教文化》，合肥：安徽教育出版社，2000 年；刘勇：《中国现代作家的宗教文化情结》，北京：北京师范大学出版社，2003 年；刘丽霞：《中国基督教文学的历史存在：文化新批评》，北京：社会科学文献出版社，2006 年；齐宏伟：《文学苦难精神资源：百年中国文学与基督教生存观》，南昌：江西人民出版社，2008 年；丛新强：《基督教文化与当代中国文学》，济南：山东文艺出版社，2009 年。

46 叶蓉、Jana Benichá：《论〈圣经〉对文革后几位朦胧诗人的影响》，刊于《浙江大学学报》（人文社会科学版）2004 年第 2 期，第 77－84 页。叶蓉：《〈圣经〉对现代文学及文革后几位作家的影响》，刊于《西南交通大学学报》（社会科学版）2003 年第 6 期，第 71－75 页。

47 关于这个主题，参见施玮主编：《琴与炉》（第一辑），北京：中国广播电视出版社，2008 年，收入 26 位诗人的诗作：施玮、北村、樊松坪、鲁西西、齐宏伟、空夏、易翔、杨俊宇、谭延桐、于贞志、新生命、姜庆乙、匙河、雁子、王怡、楚耳、海上花下、雪女、仲彦、东郑溪波、梦月、徐徐、陈巨飞、黄莹、殷龙龙、刘光耀。他们的诗作深刻受到圣经的影响。关于该主题的研究参见周伟驰：《当代中国基督教诗歌及其思想史脉络》，刊于《新诗评论》2009 年第 2 辑。

48 参见任东升、温秀颖《〈圣经〉译介对中国现代文学的影响》，刊于《四川外语学院学报》第 20 卷第 1 期（2004 年 1 月），第 21－25 页。

无形无相的音乐往往最能够触动人心，传递圣经中活泼深远、韵味无穷的宗教情怀，而赞美诗则属于教会生活中最为重要的要素之一。以圣经为灵感之源的赞美诗不仅仅为第一位来华新教传教士马礼逊所推崇，于1818年编译出第一部中文赞美诗《养心神诗》，也同样为中国第一位新教牧师梁发所看重，并在《救世录撮要略解》中收录三首赞美诗。而席胜魔的《我们这次聚会有个缘故》则开创中国信徒创作赞美诗的先河。此后，民国时期中国基督教新教教会刊行的《普天颂歌》（1936年）、新时期的《赞美诗（新编）》（1983年）[49]以及当代草根信徒小敏（1970—）创作的《迦南诗选》广为中国信众喜欢。如果说中译本的赞美诗丰富了中国音乐的内涵，那么中国信徒创作的赞美诗更是成为近百年来本土赞美诗的典范。如同圣经译本一样，基督教的赞美诗既有中文版本，也不缺少方言和少数民族语言版本，具有"百歌齐放，百曲争鸣"的景象。正是藉着译介赞美诗，四线谱、五线谱传入中国，中国音乐逐步接纳并转化西洋音乐，并反过来滋补西洋音乐。

就中国的艺术和电影而言，它们虽在表现圣经元素和圣经要旨上显得薄弱，但是它们以自身独特的优势即视觉直观性表现出具有中国元素和中国风格的审美和价值观。中国圣经艺术本身就是中西艺术互补的一个案例，其中既有欧美的艺术表现手法（版画、油画、圣像画、雕塑、欧式教堂建筑），也不乏中国人自创的艺术形式（书法、国画、中式建筑），甚至随着多媒体技术的流行，圣经已经成为电脑艺术创作的选题之一。[50]中国圣经艺术最早可以追溯到碑林中的"大秦景教流行中国碑"。它不仅是基督教入华的最早文字见证，它本身就是一件珍贵的融合中西（亚）艺术特征的艺术品，祥云和莲花上的十字架成为耶佛道艺术融会贯通的代表作。景教和蒙元时代罗马天主教会方济各会会士在中国留下的教堂建筑和石刻构成中国圣经艺术的发端。中国圣经艺术发展的第一个高潮期出现于明末清初耶稣会会士的艺术创作中，以晚明澳门的大三巴牌坊（1602年）以及两部木刻画集——1624年罗儒望（Joaoda

---

49 肖耀辉、熊国才：《云南基督教》，同上，第97—98页。

50 马丽：《〈圣经〉爱——一场基督教艺术的盛宴》，刊于 http://www.mzb.com.cn/html/node/166831-1.htm。该文记述，2011年，由北京基督教三自爱国运动委员会、北京基督教青年会主办，北京基督教青年会、白雪美术研究会承办，北京市西城区广外书画协会和画廊协办的第一届"《圣经》爱——主题艺术展"在北京798艺术区举办，展出四十余位创作者的书法、国画、油画、雕塑作品，共五十二件。此外，在这次展览中，还有一幅"电脑刺绣"作品，在制作材料上作出一次有价值的尝试。

Rocha，1565－1623 年）的《诵念珠规程》，1637 年艾儒略的《天主降生出像经解》——为经典。[51] 三百年后，在二十世纪二十一四十年代，中国圣经艺术进入一个短暂的繁荣时期，取得显著的本色化艺术成就。罗马天主教的刚恒毅（Celso Costantini，1876－1958 年）[52]、新教圣公会的沈子高（1895－1982 年）[53]、新教信义会的艾香德（Karl Reicheh，1877－1952 年）[54] 都是本色圣经艺术的提倡者和实践者。刚恒毅推动陈缘督（1902－1967 年）创作丝绢画《圣母敬拜耶稣圣婴图》，使之成为中国天主教圣像画的滥觞，作者本人在圣经艺术熏陶下接受洗礼入教。刚恒毅评价陈缘督的受洗日为中国天主教艺术的降临节；艾香德创建的香港道风山基督教丛林处处留下耶佛艺术交流的杰作。[55] 二十世纪八十年代后，中国圣经艺术在沉寂半个世纪后进入一个新的小阳春，与圣经艺术直接相关的教堂遍布华夏大地，以凝固的物质材料运用各种形象、符号和雕刻表达圣经信息，在风格上博采众长，希腊式、罗马式、中国民族风[56] 的教堂矗立在 960 万平方公里国土上。对于天主教来说，耶稣苦路成为教堂装饰品中的常见题材，纯朴简单的十字架为新教教堂最为看重（有时成为惟一的圣经符号）和喜欢的象征，而取材于圣经的圣像画则为东正教教堂所青睐[57]。在二十一世纪，中国圣经艺术呈现出运用中西绘画艺术手法表

---

51 参见顾卫民：《基督宗教艺术在华发展史（唐元明清时期）》，同上，特别参见第一章、第三章和第五章。柯毅霖：《晚明基督论》，同上，第 224 页。

52 刚恒毅等：《中国天主教美术》，孙茂学译，台中：光启出版社，1968 年，第 21、22 页。

53 李亚丁：《沈子高》，收录于《华人基督教史人物辞典》（Biographical Dictionary of Chinese Christianity）。
参见网站：http://www.bdcconline.net/zh-hans/stories/by-person/s/shen-zigao.php。

54 参见顾卫民：《近代中国基督宗教艺术发展史》，香港：道风山基督教丛林，2005 年，特别参见第二章、第四章。

55 顾卫民：《中国基督宗教艺术的历史》，刊于《世界宗教研究》2008 年第 1 期，第 88－98 页。特别参见顾卫民：《近代中国基督宗教艺术发展史》，同上，第 204－248 页。

56 例如，参见李荣、鲁丹：《云南少数民族地区基督教教堂的文化诠释》，《华中建筑》2009 年 7 月第 27 卷，第 220－224 页。另外参见葛壮：《宗教和近代上海社会的变迁》，上海：上海书店出版社，1999 年，其中第 20－28 等处介绍了上海著名的教会建筑。

57 徐凤林：《东正教圣像史》，北京：北京大学出版社，2011 年。另外参见褚潇白：《论拜占廷圣像画的精神性动感》，刊于《社会科学》2002 年第 9 期；苑一博：《圣像与圣像破坏运动》，刊于《历史教学问题》2004 年第 3 期；张五力：《古罗斯时期弗拉基米尔的圣像画艺术》，刊于《艺术百家》2005 年第 5 期；潘道正：《圣像

现圣经的新趋向，当代中国圣经艺术家们的创作，或直接取材于圣经典故（王鲁），或表达圣经中的抽象教义（李金远），或彰显对圣经价值观的同情和认同，藉此表现出当代中国人的生存和精神状态、对物欲世界的批判以及对彼岸世界的追求和对救赎的渴望（丁方、朱久洋）。[58] 这些绘画以及其他视觉艺术（国画、书法等）以其浓郁崇高的精神特质抵挡着庸俗的消费主义对中国人灵魂与文化的污染。相对而言，中国电影在二十一世纪才开始以影像表达圣经以及圣经与中国人生存状态之间的关系。甘小二的《举自尘土》（2007年）[59] 以及李淼的《上苍保佑》（2011年）是这个方面不可多得的

纪录片《上苍保佑》海报[60]

之争：冲突与融合中的审丑问题》，刊于《东方丛刊》2009年第2期；张宝洲翻译的俄罗斯学者M.B.阿尔巴托夫的长文《古代俄罗斯的圣像绘画艺术》，刊于《西北美术》1996年第3期；1997年第3期。

58　与圣经直接相关的是教堂建筑。教堂以凝固的物质材料以各种形象、符号和雕刻表达圣经信息，对于天主教来说，耶稣苦路成为教堂装饰品中的常见题材，纯朴简单的十字架为新教教堂最为重要（有时成为惟一的圣经符号）和喜欢的象征，而源自于圣经的圣像则为东正教教堂所青睐。

59　2007年，该电影获得第四届CIFF中国独立影像年度展特别奖。

60　取自 http://movie.douban.com/subject/6396691/。

影视作品，以对现实的开放态度和圣经中的宗教人道主义关怀，分别真实呈现出中国新教和天主教信众对生死、苦难和公义的执著思考，提示着中国独立影像的起点以及迄今存在的理由。

## 第四节　圣经催生改革和现代化的潮流

自鸦片战争后，以救亡图存、复兴中华为宗旨的改革风潮一波接着一波地卷席中国现代历史近百年。中国现代史上，从太平天国运动、洋务运动、戊戌变法、立宪运动，直到国父孙中山等开创的民主革命，许多与基督教接触过的革命家、改革家，都不同程度地汲取圣经中有关民主、平等、公义和人道主义思想，在政治领域从事推动中国现代化进程的活动。[61]在这场以改革叙事为主旨的百年史大潮中，不论是激进改革[62]，如太平天国和辛亥革命，还是温和改革[63]，如晚清一系列的自我革新运动，圣经为国破山河在的国人灵魂带来安慰，也给时代风云人物带来直接或间接的启发，透过他们的思想与现实的政治活动对整个中国近现代社会进程产生出巨大且惠泽至今的影响。

在百年改革风潮中，中国历史上规模最大的农民起义太平天国运动所受圣经影响最深、最广[64]。第一位新教牧师梁发摘录马礼逊译本汇编成的九本小册子《劝世良言》[65]、罗孝全（Issachar Jacob Roberts，1802－1871年）的圣

---

61 赵君影：《漫谈五十年来中国的教会与政治》，台北：中华归主协会，1981年。

62 关于近现代中国基督教与激进政治改革之间的关系，特别参见梁元生：《十字莲花：基督教与中国历史文化论集》，同上。

63 关于近现代中国基督教与温和改革或改良之间的关系，特别参见李可柔（Carol Lee Hamrin）、毕乐思（Stacey Bieler）：《光与盐——探索近代中国改革的十位历史名人》，单传航、王文宗、刘红以译，北京：中国档案出版社，2009年。

64 关于太平天国与基督教之间的复杂关系，参见汤清：《中国基督教百年史》，同上，第148－158页。另外参见段本洛：《论太平天国革命与宗教的关系》，《苏州大学学报》1978年第1期。罗尔刚：《太平天国全史》第2卷，北京：中华书局，1991年，第657－659页；夏春涛：《太平天国宗教》，南京：南京大学出版社，1992年，第87页；夏春涛：《天国的陨落：太平天国宗教再研究》，北京：中国人民大学出版社，2006年；邹明德：《太平天国上帝教：基督教的东方教派》，《学术月刊》1987年第11期；王国平：《略论太平天国上帝教对基督教的认同》，《史林》2001年第3期。

65 《劝世良言》约十万字，九卷，共收录六十多篇短文，其中直接抄录自马礼逊译本的圣经有二十六篇，有三十五篇抄录一段经文后加进中国的风俗人情加以阐发，其中有梁发自撰的学道经历。该书总计有十四次引用五十二节旧约经文，四十八次引用包括二十一章七十八节的新约经文。

经教导以及郭实腊译本[66]，都对洪秀全了解、阐释和使用圣经以及新教教义发挥过关键性的作用[67]。在圣经熏陶之下，洪秀全（1814－1864 年）与冯云山（1822－1852 年）等创建中国基督教次生文化"拜上帝会"，效法摩西十诫设立十款天条[68]，举兵建立从中国传统和福音书中取名的太平天国，亲自修订并准予刊行钦定版圣经即《钦定旧遗诏圣书》和《钦定前遗诏圣书》，书中印有八十二条洪秀全所作眉批，[69]以圣经中的平等和公义观为理据颁布《天朝田亩制度》，印行《醒世文》命令太平天国将士"晴则俱要勤操练，雨读新旧遗诏文"[70]……经过洪秀全阐释、修订和增补的太平天国正典为这场中国革命运动提供了理论依据和实践标准，促动它将人间天国政治理想付诸实践，在根本上动摇了中国历史上最后一个封建王朝。与太平天国直接摧毁清王朝不同，晚清的自强运动或洋务运动、戊戌变法[71]和立宪运动都以温和的改良手段达到永葆大清社稷之宗旨[72]，也在不同程度上受到西方传教士以及中国基督徒所阐释的社会福音思想影响。[73]

如果说洪秀全以圣经为参照创建本色基督教来扶正黜邪，那么，作为近现代中国民主革命的伟大先行者孙中山及其师友，在习识圣经以及革新思想之后，以个人身份在列强入侵及清廷无能的时势下策动革命，成为压垮清王朝的最后一根稻草。孙中山被誉为"第一位个别基督徒进到中国政治的最高

---

66 赵晓阳：《太平天国刊印圣经底本源流考析》，刊于《清史研究》2010 年第 3 期，第 75－82 页。

67 托马斯·H.赖利（Thomas H. Reilly）：《上帝与皇帝之争——太平天国的宗教与政治》，李勇、肖军霞、田芳译，谢文郁校，上海：世纪出版集团、上海人民出版社，2011 年，第 67－77 页。

68 十款天条即摩西十诫：第一条：崇拜皇上帝；第二条：不好拜邪神；第三条：不可妄题皇上帝之名；第四条：七日礼拜颂赞皇上帝；第五条：孝顺父母；第六条：不好杀人害人；第七条：不好奸邪淫乱；第八条：不好偷窃劫抢；第九条：不好讲谎话；第十条：不好起贪心。

69 吴良祚：《上帝教约书探略》，刊于《浙江学报》1985 年第 4 期，第 102－110 页。

70 李炽昌：《〈圣经〉在中国——太平天国对经文的诠释》，《深圳大学学报》（人文社会科学版），2009 年第 26 卷，第 5－12 页。

71 王树槐：《外人与戊戌变法》，上海：上海书店出版社，1998 年；王林：《西学与变法：〈万国公报〉研究》，济南：齐鲁书社，2004 年；陶飞亚：《边缘的历史——基督教与近代中国》，上海：上海古籍出版社，2005 年；陶飞亚：《冲突的解释——基督教与近代中国政治》，台北，宇宙光全人关怀机构，2006 年。

72 参见费正清编：《剑桥中国晚清史（1800－1911 年）上卷，中国社会科学院历史研究所编译室译，北京：中国社会科学出版社，1983 年，第 616－634 页。

73 汤清：《中国基督教百年史》，同上，第 161 页。

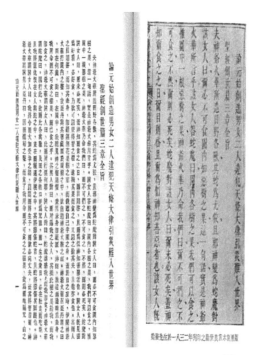

梁发的《劝世良言》的原版和重印版[74]

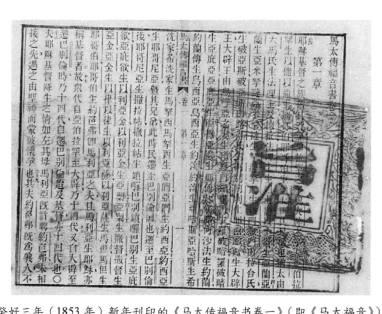

太平天国癸好三年（1853 年）新年刊印的《马太传福音书卷一》（即《马太福音》）1：1—19

---

74　出自麦沾恩（G. H. McNeur）:《梁发传》，胡簪云译，香港：基督教辅侨出版社，
　　1959 年。

层面，而引导建设国家"的人。[75]孙中山自少年时代熟知圣经，由出埃及故事而蒙生"脱离鞑虏而建新国"的思想，弃医从政后，认为"我们最大的希望是，把圣经和基督教教育（正如我们在美国所认识的）作为一种传输手段，向我们的同胞转送通过正义的法律所有可能得到的幸福。"[76]孙中山创建政治组织兴中会、同盟会、中华革命党，均要求会员入党宣誓时以左手置于圣经之上，举右手向天依次读之[77]。孙中山及其同道中的信徒，从圣经中的基督精神（博爱、舍己、公正）汲取行动的动力，创造性地提出的三民主义（民族、民权、民生）明显受到圣经中的人道思想启发而形成[78]，最终推动辛亥革命发生，带领中国社会迈进现代世界文明。孙中山避开基督教和革命之间的冲突，从圣经教义中获取可资利用改造的思想资源，用作革命思想武器的素材。皈依基督信仰后的抗战总统蒋介石不仅勤读圣经，参与校订圣经[79]，而且以基督的精神规范自己的品行和自己的社会活动。[80]

耶稣的道德教诲直接感化信众在中国的慈善、医疗[81]等领域作出开创性的贡献。现代中国历经内外忧患和磨难，传教士和中国信众以耶稣的爱心为怀，积极赈灾扶弱、治病救人，所创建的育婴堂、安老院、坟场、公墓等难以计数，成为他们在中国黄土地上作盐作光的证据。美国传教士伯驾（Peter Parker，1804－1888 年，亦译"巴驾"或"派克"）在广州设立"博济医院"，成为中国第一所西医医院；美国长老会传教士嘉约翰（John Glasgow Kerr，1824－1901 年）在广州行医，成为中国精神病学的先驱。以他们为代表的传教士

---

75 赵君影：《漫谈五十年来中国的教会与政治》，同上，第 3 页。

76 陆丹林：《革命史谭》，转引自荣孟源、章伯锋：《近代稗海》，第一辑，成都：四川人民出版社，1985 年，第 568 页。

77 黄新宪：《基督教教育中国社会变迁》，福州：福建教育出版社，1996 年，第 89－90 页。

78 赵君影：《漫谈五十年来中国的教会与政治》，同上，第 3 页。

79 吴经熊：《超越东西方——吴经熊自传》，周伟驰译，北京：社会科学文献出版社，2013 年，第 336－337 页。

80 参见王茜琳：《论蒋介石对基督教文化的认识》，东北师范大学硕士论文，2009 年 5 月。国内对蒋介石与圣经以及基督教的关系的论述极为少见。

81 赵璞珊：《合信〈西医五书〉及在华影响》，刊于《近代史研究》1992 年第 2 期；邝北江：《马尚德：谭嗣同熟识的英国传教医师》，刊于《历史研究》1992 年第 2 期；田涛：《清末民初在华基督教医疗卫生事业及其专业化》，刊于《近代史研究》1995 年第 5 期；高晞：《"解剖学"中文译名的由来与确定》，刊于《历史研究》2008 年第 6 期。

为中国慈善和医学书写出新的一页。华夏大地上自古生活着多种民族，圣经尤其对中国部分少数民族的现代化进程作出不可磨灭并惠及当代的贡献。传教士秉承圣经教训，破除少数民族的杀牲祭鬼等习俗，透过文字布道、慈善布道、医药布道[82]推动少数民族移风易俗，与现代文明进行跨越式的接轨。[83]在这一时期，基督教在中国本土设立的慈善机构和医院，无论在数量和质量方面都有不错的业绩，为各族人民带来前所未有的知识和文明，所培养的人才直接或间接影响了现代、当代中国的民政、医疗事业。

## 第五节　圣经化育中国学识

随着汉语、方言和少数民族语言圣经在华夏大地上流传，一方面，圣经以及基督教教义得到广泛宣传，圣经和基督教在中国的影响日益增加，圣经及其教义逐渐为中国人所熟悉，另一方面，普及圣经在一定程度上提高了中国人的识字和文化教育水平，不断帮助推动形成中国人自己的现代教育体系、圣经研究与神学思想。

对于尚未拥有自己思想交流工具的少数民族、方言和盲人群体，外国传教士殚精竭虑为中国多个少数民族、方言地区和盲人创造出独特的文字和符号，并以这些文字和符号译经，在客观上促进了中国扫盲运动和文化教育事业的发展。[84]特别是少数民族和方言圣经对各地操用民族语言和方言的族群接受文化启蒙提供了极为重要和有益的途径。[85]教会组织为了印刷各类译本圣经和教会读物，建立圣经公会、宣道书局（广西梧州）、中华广学会（上海）、中国圣教书会（湖北汉口）等各种机构，出版大量的圣经、圣经辞典和圣经注释著作，创办《圣经报》（双月刊）刊物，[86]开设印刷厂，引进新式印刷机

---

82　邓杰：《基督教与川康民族地区近代医疗事业：边疆服务中的医疗卫生事业研究（1939－1955年）》（博士学位论文），四川大学历史系，2007年。

83　徐永志：《融溶与冲突——清末民间边疆少数民族与基督宗教研究》，北京：民族出版社，2003年，第102－114页，特别参见第114页。

84　何凯立：《基督教在华出版事业（1912－1949年）》，成都：四川大学出版社，2004年，第42－44页。

85　游汝杰：《西洋传教士汉语方言学著作书目考述》，哈尔滨：黑龙江人民出版社，2002年。传教士对少数民族语言的贡献可以傅能仁（J. O. Frazer，1886－1938年，又译"富能仁"）牧师等人所创造的傈僳文为例，至今该文字为傈僳族使用。

86　李宽淑：《中国基督教史略》，北京：社会科学文献出版社，1998年，第293－294页。

器，训练中国印刷工人，引介西方科学和文化。这些都在客观上促进了中国印刷业、报业以及圣经研究和普及工作的发展，极大地促动了中西方文化的交流。

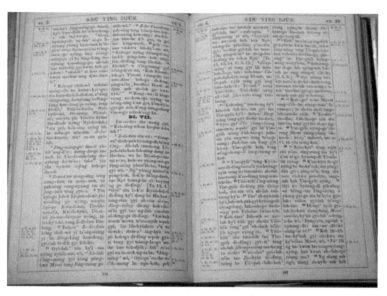

高富、戴德生、慕稼谷合译的宁波方言 S-DU YING DÜJN（即使徒行传）6：2－7：28

为了推动圣经教育，传教士在华先后除了创办各类圣经学校、神学院、神修院之外，另外还创建各类男女学校，从义塾、小学一直到大学，均开设有与圣经相关的课程，与之同时，将基础教育和高等教育、博雅教育和专业教育、盲人教育和女子教育等现代教育制度引入中国。1920 年代国民政府收归教育权之后，在华基督教学校的圣经教育虽由浓转薄，[87]但是，一直以选修课和学生圣经班的方式活跃在校园中。一批中国基督徒教育家，例如钟荣光（1866－1942 年）、吴贻芳（1893－1985 年）、张伯苓（1876－1951 年）、陈裕光（1893－1989 年）、马相伯（1840－1939 年）、李登辉（1872－1947 年）、韦卓民（1888－1976 年）等，在新的历史处境之下在中国高等教育领域以圣经理念为中国现代化建设培养各类人才。例如，金陵女子大学的校训"厚生"取自于约翰福音 10：10[88]；沪江大学校长刘湛恩（1895－1938 年）

---

87 王忠欣：《基督教与中国近现代教育》，武汉：湖北教育出版社，1999 年，第 121 页。

88 吴梓明编著：《基督教大学华人校长研究》，福州：福建教育出版社，2001 年，第 26 页。

倡导"以基督教观点来教学与讲授圣经并重"的高等教育思想[89]，并身体力行自己的信仰，以致在抗战之初以身殉国。深受圣经影响的晏阳初（1893－1990 年）、陶行知（1891－1946 年）从事平民教育，他们追求改变整个国民素质的梦想至今仍然发人深省。[90]1950 年代中国高校调整，教会学校全部收归国有，在客观上为中国社会主义教育事业提供了部分人才、书籍资料和硬件设施。[91]

在良好的现代印刷技术和教育制度下，圣经学术研究在明末清初之后取得突飞猛进的发展。明末清初的罗马天主教在华传教士的圣经研究尚处于试水阶段，以介绍圣经故事和基本教义为重。艾儒略的《天主降生言行纪略》（1635 年）、阳玛诺（Emmanuel Diaz，1574－1659 年）的《圣经直解》（1636 年）成为这一阶段的代表作。在二十世纪二十－四十年代，中国人自己的圣经研究在动荡不安的时局和非基督教运动处境中进入第一个黄金时代，形成以王明道（1900－1991 年）的重生神学、倪柝声（1903－1972 年）的属灵神学、宋尚节的布道神学为主体的圣经神学系统，以及以赵紫宸（1888－1979 年）的脉络神学[92]、吴耀宗（1893－1979 年）的社会福音神学为主体的另外一个圣经神学系统[93]，分别体现出对圣经解释所采取的两种不同路径——基要派与自由派，其中的分野影响一直延续百年。二十世纪末、二十一世纪初，中国人自己的圣经研究在以改革开放为主旋律的时代进入第二个黄金时代。一方面，中国学者在高等教育体系和神学院中开设圣经研究课程，并初步尝试建立"汉语圣经学"[94]、"汉语学术圣经学"[95]、"汉语基督教经学"[96]，

---

89 同上，第 48 页。

90 参见徐以骅：《基督教高等教育初探》，《复旦学报》1986 年第 5 期；景钟等：《"教会大学"在中西文化交流中的历史作用》，《学术研究》1988 年第 6 期；史静寰：《近代西方传教士在华教育活动的专业化》，《历史研究》1989 年第 6 期。

91 关于教会大学的贡献，参见顾学稼、林蔚、伍宗华编：《中国教会大学史论丛》，成都：成都科技大学出版社，1994 年；章开沅主编：《文化传播与教会大学》，武汉：湖北教育出版社，1996 年；章开沅主编：《社会转型与教会大学》，武汉：湖北教育出版社，1998 年。

92 唐晓峰：《赵紫宸神学思想研究》，北京：宗教文化出版社。另外参见赵紫宸：《赵紫宸文集》第一卷，北京：商务印书馆，2003 年；《赵紫宸文集》第二卷，北京：商务印书馆，2004 年；《赵紫宸文集》第三卷，北京：商务印书馆，2007 年；《赵紫宸文集》第四卷，北京：商务印书馆，2010 年；王晓朝主编：《赵紫宸英文著作集》（赵紫宸文集第五卷），北京：宗教文化出版社，2009 年。

93 参见林荣洪：《中华神学五十年（1900－1949）》，香港：中国神学研究院，1998 年。

94 刘平：《建构中的汉语圣经学——汉语神学推陈出新之本源》，香港：研道社，

已经形成汉语神学[97]、神学思想建设[98]等潮流。这些趋向说明中国基督教在三自（自传、自治、自养）精神之外另外正在进行四自运动即在二十一世纪形成自己的神学（self-theologicalizing）。在这个时期，华人圣经学者宋泉盛（C. S. Song，1932－）的故事神学[99]、李炽昌（Archie Chi-chung Lee）跨文本圣经研究[100]已经在国际圣经学界享有一定的知名度，表明中国圣经学已经取得全球－地域化时代圣经学的村民资格，其地位日显重要[101]。中国圣经研究与中国基督教一样历史久远，从一开始就将圣经与中国已有的宗教经典之间的对话作为自己的一个特色和使命。景教化用佛道来翻译、解释圣经，以利玛窦为代表的明清天主教以西儒为荣，陈垣（1880－1971 年）等人在基督教大学中积极推动中国文化研究[102]，当代圣经学在广泛引入东西方的圣经研究成果之同时，开始有意识地寻求圣经与中华文明之间深入而持久的交流[103]，透过

---

2014 年。

95 黄保罗：《大国学视野中的汉语学术圣经学》，北京：民族出版社，2012 年。

96 林子淳编：《汉语基督教经学刍议》，香港：道风书社，2010 年初版。

97 关于汉语神学，参见香港道风山汉语基督教文化研究所编《文化基督徒现象与论争》（1997 年）、杨熙楠编《汉语神学刍议》（香港：汉语基督教文化研究所，2000 年）中所收文章。直至今天，尚可看到学者讨论这类概念，如黄保罗《汉语学术神学：作为学科体系的基督教研究》（北京：宗教文化出版社，2008 年）、温伟耀《生命的转化与超拔》（北京：宗教文化出版社，2009 年）等。

98 中国三自教会以 1998 年"济南会议"的召开标志着中国基督教神学思想建设的正式发起。关于三自教会的神学思想建设的缘起和发展，参见胡筎：《当代中国基督教神学思想建设的探索》，引自 http://www.mzb.com.cn/html/Home/report/303796 -1.htm。关于当代中国处境中的神学问题，另外参见叶菁华：《寻真求全——中国神学与政教处境初探》，香港：基督教中国宗教文化研究社，1997 年。

99 宋泉盛：《第三眼神学》（*Third Eye Theology*），庄雅棠译，嘉义：信福出版社，1989 年；宋泉盛：《故事神学》（*Tell Us Our Names: Story Theology from an Asian Perspective*），庄雅棠译，台南：人光出版社，1990 年。

100 李炽昌编著：《亚洲处境与圣经诠释》，香港：基督教文艺出版社，1996 年。

101 自二十世纪八十年代，台湾出现所谓的台湾神学，其中包括乡土神学（参见王宪治：《台湾乡土神学论文集》，台南：台南神学院，1988 年）、出头天（自决）神学（参见黄伯：《奔向出头天的子民》，台北：稻香出版社，1990 年、认同神学（陈南州）；香港出现复和神学，以杨牧谷的《复和神学与教会更新》（香港：种籽出版社，1987 年）为代表。在此还有其他值得注意的趋向：郭佩兰及其亚洲妇女神学。近期有美国的杨克勤致力于中华基督教神学的建构，著有《孔子与保罗：天道与圣言的相遇》（上海：华东师范大学出版社，2010 年）。

102 陶飞亚、吴梓明合著：《基督教大学与国学研究》，福州：福建教育出版社，1998 年。

103 近期著作参见庄祖鲲：《契合与转化：基督教与中国传统文化之关系》，西安：陕

这种交流让彼此作为他者而有所重新发现，并在交流中开展出中华文明的新气象。

宋泉盛的代表作《孟姜女的眼泪》[104]封面

西师范大学出版社，2007 年；庄祖鲲：《说禅论道：基督教与儒、释、道之对话》，北京：世界知识出版社，2009 年；石衡潭：《东风破：论语之另类解读》，济南：山东画报出版社，2009 年；黄保罗：《儒家、基督宗教与救赎》，北京：宗教文化出版社，2009 年；温伟耀：《生命的转化与超拔：我的基督宗教汉语神学思考》，北京：宗教文化出版社，2009 年；龚道运：《近世基督教和儒教的接触》，上海：上海人民出版社，2009 年；赵建敏：《二思集：基督信仰与中国现代文化的相遇》，北京：宗教文化出版社，2010 年；袁益娟：《生生神学：汪维藩神学思想研究》，北京：金城出版社，2010 年等。二十世纪二十一四十年代有关圣经与中国文化关系之讨论的文献，参阅上海古籍出版社推出的"基督教与中国研究书系"，其中包括吴雷川：《基督教与中国文化》（2008 年）、李炽昌主编的《圣号论衡——晚清〈万国公报〉基督教"圣号论争"文献汇编》（2008 年）等。关于传教士与中国文化之关系研究，参见李颖：《基督拯救中国？——伦敦会传教士麦嘉湖研究》（博士学位论文），福建师范大学历史系，2003 年；岳峰：《架设东西方的桥梁——英国汉学家理雅各研究》（博士学位论文），福建师范大学历史系，2003 年；张施娟：《裨治文与他的〈美理哥合省国志略〉》（博士学位论文），浙江大学历史系，2005 年；王文兵：《丁韪良与中国》（博士学位论文），南开大学历史系，2005 年；孔陈焱：《卫三畏与美国早期汉学的发端》（博士学位论文），浙江大学历史系，2006 年；胡素萍：《李佳白与清末民初的中国社会》（博士学位论文），中山大学历史系，2006 年。

104 宋泉盛：《孟姜女的眼泪》（*The Tears of Lady Meng*），台湾：人光出版社，郑加泰译，1994 年。

## 第六节　圣经滋补社会主义核心价值观

上述圣经对中华文明发生的影响尚只触及文明的外在层面，圣经对中华文明真正根本性的影响发生于中华文明的内核之中。圣经蕴含着取之不尽的价值观，至少如下四个方面构成现代文明不可或缺的要素。第一，每个个体享有不可剥夺、至高无上的价值和尊严。圣经价值观之一就是依据创世记1：27，认为每个人都是神的形象，由此推崇每个作为个体的人具体独特的重要性。每个人同等地具有并享有生命尊严（利未记18：19）。这是圣经世界观中的平等思想的内涵之一，即就享有神的形象的意义上，每个人不论社会地位、财富、健康、性别、民族、阶级、种族如何，都是平等的，并无贵贱高低之分。第二，以上述原则为基础，圣经价值观支持法治原则，即在法律面前人人平等（出埃及记 12：51；申命记 17：18－20）。与法治原则直接相关的是公正审判原则（出埃及记23：3 等）。圣经强调审判要公正，为确保司法公正，圣经提供了各种各样的规定和要求。第三，圣经价值观最为吸引人的一个原则是慈善或爱，即对待他人要无差别地或平等地付出和牺牲（申命记15：8）。第四，圣经强调社会要以改进每个个体的生活为自己义不容辞的责任和义务，因此生态原则是社会和个人生活的基本原则（创世记 1：28）。正是圣经之中独特而为人类共享的价值观，不仅以润物细无声的方式已经并继续滋补中华文明的肌理和骨髓，而且中华文明不断接受圣经，含咀其中的英华，使之转化为博大精深、生生不息的中华文明基因。

## 结语　有待彰显影响的圣经

不过，若论及世界上发行量最大的一部书，圣经当之无愧抱得冠军奖杯。但是，若说及中国发行量最大的一本书，圣经恐怕就要排名靠后。姑且不论《毛主席语录》，就是工具书《新华字典》也要遥遥领先。不过，圣经依然成为影响现代中国百本外来书籍之一。[105]这种不对称的事实正好说明作为中国基督教之正典的圣经虽然取得合法地位，并成为中国公民的宗教生活、日常文化生活、美学世界、学术研究之一部分，千百年来以或隐或显的方式影响

---

105 邹振环：《影响中国近代社会的一百种译作》，北京：中国对外翻译出版公司，1996年。

着中华文明，并成为中华文明的一个有机组成要素，但是，它至今运行在华夏大地上[106]，其真正的影响力还有待新的光照耀中华大地的时候。

---

106 参见创世记 1：2。

# 第二章 在传统和现代性之间：中国知识分子与西方传教士——以戊戌变法双士相遇经验为例*

上一章以基督教的圣经正典与中华文明之间的关系为研究对象，从六个方面证明基督教对中华文明的贡献是积极而有果效的，与此同时，重点论证了基督教通过圣经已经对现代中国社会发挥持久但不特别显著的影响。本章则以现代中国发生的重大历史事件——戊戌变法——为研究对象，探讨来自西方的传教士与中国传统的士大夫之间发生的双士相遇现象，并由此研究两者对中国现代化所采取的路径。

## 第一节 知识分子类型学

在西方船坚炮利和不平等条约的强攻之下，中国被迫开始由传统向现代转轨。在这个从第一次鸦片战争一直延续到当代的转轨过程之中，西方传教士和作为中国社会精英的知识分子以显在或隐微的方式在物质器具、政治制度和思想文化等层面上对中国现代化过程发挥着直接或间接的影响。其中典型的个案有：美国的裨治文（Elijah Coleman Bridgman，1801－1861年）之于第一次鸦片战争时期的魏源，美国的罗孝全（Issachar Jacob Roberts，1802

---

* 本章为参加于 2002 年 11 月 28－29 日由澳门利氏学社（Macau Ricci Institute）主办的于澳门举办的"宗教与文化"国际研讨会所提交的会议论文。在此感谢澳门利氏学社的大力支持。

－1871 年）之于太平天国运动的洪秀全，英国的李提摩太（Timothy Richard，1845－1919 年）等人之于戊戌变法，英国的康德黎（James Cantline，1851－1926 年）之于孙中山，一直延续到八九风波流亡海外的部分"民运分子"受洗成为基督徒和传教士，例如远志明（1955－）、张伯笠（1957－）等。传教士和中国知识分子之间的这种密切关系将传教士乃至于基督教与中国现代性问题勾联起来，成为中国现代性中的一个与现代性其它要素密不可分的质素。

在探讨本章主题之前，我们有必要先限定一下我们这里所谓的"知识分子"的涵义和类型。这里的知识分子首先是指晚清之际的一批倡导变法的儒家学者。根据杜维明（1940－）先生的分析，中国儒家学者在公众形象和自我定位上兼具教士的功能和哲人的作用。这种角色上的家族相似性决定了儒家学者与西方传教士能够共同履行与这种角色相应的社会价值担当者的职责。由此来看，儒家知识分子不仅仅是文人，而且还是知识分子。"儒家知识分子是行动主义者，讲求实效的考虑使其正视现实政治的世界，并且从内部着手改变它。他相信，通过自我努力人性可以得到完善，固有的美德存在于人类社会之中，天人有可能合一，使他能够对握有权力、拥有影响的人保持批评态度。"[1]这种讲究经世致用、注重以思想入世与批判的知识分子相当于卡尔·博格斯（Carl Boggs）所谓的与技术专家治国论型知识分子相区别的"批判型知识分子"[2]，或者相当于与技术知识分子相区别的人文知识分子[3]以及葛兰西（Antonio Gramsci）所谓的与有机的知识分子（organic intellectuals）相区别的传统的知识分子（traditional intellectuals）[4]。本章其次所涉及到的知识分子正是这种为班达（Julie Benda）所定义的代表人类良知的真正的知识分子[5]。

---

1 杜维明：《道、学、政：论儒家知识分子》，上海：上海人民出版社，钱文忠、盛勤译，2000 年 10 月，第 1 版，第 11 页。

2 卡尔·博格斯（Carl Boggs）：《知识分子与现代性危机》，李俊、蔡海榕译，南京：江苏人民出版社，2002 年 1 月，第 1 版，第 190－203 页。

3 参阅尤西林：《阐释并守护世界意义的人——人文知识分子的起源和使命》，郑州：河南人民出版社，1996 年 4 月，第 1 版。另外可以参阅艾尔文·古德纳：《知识分子的未来和新阶级的兴起》，南京：江苏人民出版社，2002 年 1 月，第 1 版，第 34－36 页。

4 参阅爱德华·W.萨义德：《知识分子论》，单德兴译，陆建德校，北京：三联书店，2002 年 4 月，第 11－12 页。

5 同上，第 12－14 页。

在中国传统中，我们又将儒家知识分子称为"士"，所以我们将中国儒家知识
分子与传教士之间的交流关系称为"双士"相遇。

　　针对中国儒家批判型知识分子和西方传教士之间关系的探讨既包括史料
考据和挖掘，也可以从革命的中国化的马克思主义、现代化理论、东方主义、
依附论等视角予以审视，在史、论、典这三个方面学界都有不少成果。尤其
是自廿世纪八十年代以来，学界从中国传统及其现代化过程之间的关系这个
框架切入现代历史的研究，其成果已经颇成规模。本章试图抛开跨时空研究
带来的困难，从历时性入手共时性地研究已经逝去一百多年的历史片断，探
讨戊戌变法事件中以"新派"形象出现的儒家知识分子和西方传教士在历史
大变局中在面对中国传统和现代性之间错综复杂的关系时担负了什么样的角
色，又如何担负了这种角色，并检讨双士彼此交错的角色对当今全球化境遇
下新一波的在类比意义上的双士即当代中国人文知识分子和传教士相遇的现
实可以提供哪些经验与教训。

## 第二节　现代化的第二波回应：双士相遇的背景

　　前戊戌变法的中国现代意义上的知识分子群体的雏形是在应对十九世纪
以降西方在中国沿海地区的渗透和侵略的过程中孕育出来的。这批以洋务为
主要的社会职业、以单纯凭借商力和兵力与西方抗衡为目的的儒家知识分子
带有边缘人的特色。这种边缘的处境主要体现在洋务知识分子首先没有以某
种达成一致的理念结合成为一个知识共同体来对抗外在于这种共同体的种种
势力的骚扰与破坏。其次，这种处境本身意味着他们除了在地缘结构上处于
边缘地位之外尚未进入满清皇权的中心结构之中，他们的商务——经济活动对
权力中心并没有产生实质性的影响，对中国传统的社会经济结构也没有内在
的触动，更没有形成变革的内在潜力。另外，就他们与西方文化和传教士之
间的关系来说，这种边缘处境反映出这种关系仅仅局限于中西经济领域的交
流和斗争，尚未深入到中西文化的内核并对两种异质文化做出区分。就这最
后一点来说，中西文化的交流在这个时期尚处在"以中化西"的层面之上，
即洋务知识分子仍然局限于"西学中源说"、"泰西近古论"、"中体西用"
等本位主义观念之中。这种本位主义决定了洋务知识分子在认识论层面上将
中西之辨简化为本土儒家文化和西方器技之学的二分。以这种二分为指导的

实践活动必然只是实用主义地将西方的一切理论上解释为或实践上作为为我所用的工具。如果用比喻的说法来描述这种中西交流就是"两张皮"，——中西文化的核心并没有发生撞击，更遑论融合与汇通了。值得注意的是，这种儒家文化本位主义说明洋务知识分子尚未脱离中国传统士大夫的旧胎。这突出体现在他们以儒家道统来作为判断是非的尺度和原则，缺乏思想自由和思想独立性，另外还体现在他们尚未断绝与土地占有者、皇室官僚和士绅这三种角色之间的丝丝缕缕的关系，换言之，他们的社会价值取向仍然取决于这三种角色背后的经济基础、上层建筑和观念结构。以此来看，在严格的意义上，他们还不是现代意义上的知识分子。

　　1894－1895 年的甲午海战彻底击毁了洋务知识分子惨淡经营的一切，宣告洋务知识分子对西方已经现代化的物质器具层面的挑战做出的种种机械仿效的努力彻底破产，中国近代社会因为外力强迫而开始的第一波现代化运动最终以李鸿章北洋水师的全军覆灭以及其后以经李鸿章父子签订的《马关条约》（1895 年 4 月 17 日）为标志结束了。浸染儒风的日本在大致相同的历史境遇之下实行政治变革，其成功的一个重要结果——击败文化母源的儒家中国——迫使中国一部分的知识分子开始从文化层面来理解中西在政治实体上的殊异，试图效法日本的明治维新从政治改革入手来切入、匡正晚清社会不可逆转的衰弱趋势。1895 年 4 月末，康梁等一千三百余人于松筠庵集会，其中六百零三人题名上书光绪帝，发动了以"变法成天下之治"为宗旨的"公车上书"事件。以此上书事件为基点，中国的一部分知识分子开始抛弃儒教帝国的优越意识和以上述"本土儒家文化／西方器技之学"二分为认识论前提的"体用之辨"，以"自上而下"的方式形成以变革传统政治结构为首要的共同目标的"知识圈子"[6]。它作为一个现实的社会单位力量开始分化儒家板块型的

---

6 所谓的"知识圈子"意指以知识为纽带结合在一起的知识分子群体。每一个知识人在一定的社会中担当着多种角色，每一个执行多种角色的个体就是社会人。作为社会人的个人以某种角色参与到执行同一个角色的或大或小的一群人之中确定、塑造、强化这种角色，这个具有一致认同的价值观念、一致接受这种价值观念约束并通过这种价值观念凝聚成的集合体就是"社会圈子"。其中知识分子以保留、创造、传递、运用某种知识（无论是科学技术知识，还是人文社会知识）结合到一起并在共同的活动中获得安全感，在实现某种共同的价值观念中加强这种价值观念，这种知识分子的群体就是"知识圈子"。这种思想受惠于弗洛里安·兹纳涅茨基（Florian Znaniecki）：《知识人的社会角色》，郏斌祥译，南京：译林出版社，2000 年 5 月，第 1 版，第 10－11 页。

社会结构。这种具有大致一致的意识形态和一定的组织形式的维新群体的出现标志着中国现代意义上的知识分子群体的诞生。[7]

如果说西方基要派传教士的下层传教路线与洋务知识分子的中西文化观有一定的关系，那么康梁上述的政治变革取向则与西方传教士的自由派传教路线不谋而合。新教自十九世纪三十年代以来，其在华传教政策可以分为上层路线和下层路线两种，即以创内地会（China Inland Mission）的戴德生（James Hudson Taylor，1832－1905 年）为代表的基要派路线和以李提摩太为代表的自由派路线。前者以拯救个人灵魂为最高目的，以直接布道为主，扎根于社会中下层，其目标在于建立符合新教教义的福音教会，将办学和改革社会的一类的活动视为从属性质的事务。这种以中国下层社会为传教对象、于十九世纪三十一八十年代占据主流的传教路线又被称为"自下而上"的传教政策。正是因为这种传教路线强调耶儒之分，否定中国传统文化，传教士非但不会得到承续中国文化传统的士阶层的同情，反而造成双方之间的相互抵制和误解。所以，在一定程度上，我们可以说基要派的传教路线是洋务知识分子狭隘的中西文化观形成的一个次要的诱发因素。后者自十九世纪末随着现代派神学的勃兴而成为一支重要的传教力量。与前者不同，如果说前者以末世论、千禧年说为传教政策的神学依据，特别强调个人灵魂得救，后者则以神内在论为传教的神学依据，既关注属灵需要，也重视现世和今生，试图以教化和传布福音相结合的方式采取启迪民智进而改造中国文化和社会的这一渐进式传教道路最终引导中国人皈依基督。为此，后者积极推动、参与社会改革活动，将基督教的人道主义目标具体化为现实而具体的社会活动，例如从事教育、出版和赈灾等活动，甚至直接参政、议政。与戊戌变法直接相关的新教自由派传教士代表人物如李提摩太、丁韪良（William Alexander Parsons Martin，1827－1916 年）、李佳白（Gilbert Reid，1857－1927 年）、林乐知（Young John Allen，1836－1907 年）等人，他们秉承利玛

---

7　许纪霖、陈达凯主编：《中国现代化史》第一卷（1800－1949），上海：三联书店，1995 年 5 月，第 1 版，第 128 页。对于这种已经定型的看法仍然略有分歧，例如有人将光绪年间的新学家如龚自珍（1792－1841 年）、林则徐（1785－1850 年）、魏源（1794－1857 年）等人视为第一代近代知识分子，将洋务派视为第二代近代知识分子，以此推算，维新派属于第三代近代知识分子。这种划分仍然受限于年代，而未从思想上在传统与现代性之间存在的断裂关系来分析知识分子的形成。另外我们可以参阅何晓明：《百年忧患——知识分子命运与中国现代化进程》，上海：东方出版社，1997 年 6 月，第 1 版，第 21－25 页。

窦的传教方略，其传教的主导政策简言之就是"以学辅教"，即以传播基督教文明促进和带动传教这个终极使命。其中对戊戌变法产生最直接影响的有以"潜心翻译，缮成篇帙，散布四方"著称的以英美传教士为主体的传教士最大的在华出版机构广学会。从传教的对象来看，自由派传教士采取了与基要派反向而行的"自上而下"的政策，即从中国传统的儒家知识分子即士阶层入手，然后推展及于庶民。由林乐知主编的广学会机关报《万国公报》（*Review of the Times*）的主要推销对象就是中国的为政者和为师者。[8]维新派和自由派传教士虽然在终极目标上存在着质的差别，一个以传布福音为旨归，一个则以变法强国为圭臬，但是，在通达终极目标的具体途径上两者有相互重叠和相互补充之处，即通过改革建立新的社会秩序，对于前者来说，这样可以为进一步传布福音创造良好的外部环境，对于后者来说，这样就可以救国与自强。正是这一点决定了双方在晚清中国社会大变局中携手推进了中国社会从传统向现代的艰难的转轨过程，初步实现了传统知识分子向现代知识分子的转型。

## 第三节　在传统与现代性之间：双士的角色

在传统向现代转轨过程之中，现代知识分子群体无疑担当了重要的角色。同时，知识分子从传统向现代的转型本身就是这个大变局中的一个环节和不可或缺的要素。在评价双士在晚清现代化过程中的作用之前我们首先追问如下几个与此密切相关的问题：在晚清社会中有哪些力量有利于推进政治变迁，有哪些力量会阻碍这个变迁过程？这些力量与所谓的传统的社会政治和文化特征有何种关系？哪些是为这种传统的社会框架所容纳的变迁，哪些是超越这种框架的变迁？哪些力量会导致现代框架的发展与连续性的变迁，哪些力量会在现代框架建立之后会窒息其生命力？[9]

为具体地解决上述问题，我们下面先介绍中国后发外生型现代化在戊戌变法前的主要特点。戊戌变法之前，现代性对中国社会的冲击主要采取了两种形式，并且使它们达到尖锐化和白炽化的程度。简言之，它们就是外患与

---

8　参阅王立新：《美国传教士与晚清中国现代化》，天津：天津人民出版社，1997年3月，第1版，第26—51页。

9　参阅谢立中、孙立平主编：《二十世纪西方现代化理论文选》，上海：三联书店，2002年1月，第1版，第1089页。

内忧以及在实践上的反应——救亡与图存。它们对于中国社会在整体上的双重冲击向晚清中国提出如下两个问题：第一，中国在新的国际环境下（尤其是在日本的冲击之下）有能力维护民族主权吗？第二，如何克服帝国秩序崩溃的潜势？戊戌变法中的士人区别于洋务知识分子的一个主要方面就是，后者只是被动地适应现代性的挑战，即通过仿造西方物质器具使得现存的秩序适应新的技术和国际环境，前者则清醒地认识到只有创造新的自属的现代秩序（首先是现代政治秩序），才能够力挽现代性挑战造成的混乱和崩溃的劣势，但是他们应对外部力量的挑战和实行改革的要求仍然仅仅局限于推行有限的能够为自己控制的现代化，这种**有限的现代化**策略将他们的视野限定于技术和行政领域，而不愿意和／或无能力促成长期的可以保证建立新的有广泛阶层参与的政治秩序以及经济秩序。概而言之，无论是洋务派还是维新派的改革政策的重心都在于维持现存的社会结构。这种有限的现代化策略不仅仅是维新派的选择，事实上也是部分满清王室和官僚的倾向。

在上述有限的现代化大趋势之下，戊戌维新派志士与传教士作为积极推动社会变革的力量承担了人文知识分子的社会重任。从现代中国知识分子的确定这个角度来看，在传教士的大力支持和直接参与下，维新派在自我形成现代人文知识分子群体的同时将这个自我身份与中国的现代化进程联系起来，并且最终这种身份本身也成为现代性的一个重要质素。具体地说，这一时期在中国传统和现代性的错综复杂的关系中，双士在塑造现代社会结构、规范现代社会秩序等方面发挥了先驱的作用。但是，从晚清中国社会力量的分布来看，无论是维新派还是传教士都尚未处于整个社会的中心位置，虽然他们与帝党有着密切的接触和交流，但是，由于他们只是将改革的前途交托给有名无实的光绪及其周围的若干大臣，而在帝党和后党的权力角斗中他们只是两者党争的砝码，因此他们与王权的关系极其脆弱。以光绪为领袖的帝党的权力极其微弱，这就决定了帝党不论是出于富国自强还是出于加强自身的权力或者是两者兼而有之而实行变法，虽然他们也是一支推动改革的力量，但是他们不能够肩负起改革的重任，推动改革的力度也先天不足。在求变这一点上，维新派和洋务派具有一致性，但是以强大的后党为主的保守派迫使洋务派与维新派之间一直处于若即若离的状态之中，在不触动根本的既得利益的前提之下，洋务派积极参与变革，诸如加入维新派组织，其中著名的洋务清流人士有张之洞（1837－1909 年）等人。但是，一旦变法危及到切身利益，他们会自动或迫于压力转向保守派。因此，洋务派未成为维新派以及传教士的坚定的同盟军。维新派和传教士竭力批判作为中国基层社会的精神支柱的儒家的伦理纲常，这种批判动摇了地方实力派士绅的生存根基，这使得双方之间的关系达到水火不容的程度。1895 年 6 月 23 日光绪帝颁布的废八股为策论的第一项变革措施完全瓦解了传统学人由士入仕的道路。[10]依此来看，双士的改革从根本上处于孤军作战的境况：成为一支脱离了由宗族和血缘伦理控制的地域传统而游离于区域控制之外的群体力量。这批以批判为使命的知识分子在思想独立性和角色确定性——消除田主、官僚和士绅三位一体的角色结构[11]——上显明了现代知识分子的生活方式和行为方式。这种如同普罗米修斯一样孤军奋战的处境，一方面说明维新派的改革措施超越了现存社会的承担能力，造成现存社会的各种主要力量的（几乎）全面反对，另一方面还说明晚清社会在整体上尚未对现代政治达成共同的见识，各派之间只有有限的偶尔发生的互动，这最突出地体现在维新派和传教士极少主动和后党在变革措施上进行直接、多层面的交流。这种因为缺乏互动造成的不透明性导致各种势力彼此之间的不信任感以及由此引发出的不安全感。社会力量特别是各种知识精英在整体上未形成团结型的关系的一个直接而明显的后果就是极端手段的出现：改革派在观念上极端地批判现存的一切，尤以谭嗣同（1865－1898 年）为代表；保守派则（常常与中间势力联手）出于保护既得利益而利用暗杀、囚禁或驱逐对手以及剥夺对手的资源等等极端的办法在理智上认识到改革的客观积极结果的前提之下破坏改革。

在晚清社会权势和力量发生上述分化的前提之下，双士以共同的改造现实的责任感联合为一个知识群体。他们共同担负了新的社会理念的担当者以及社会理想的传播者和创造者的角色，在承续传统的庙堂士大夫和开创现代人文知识分子双重角色责任中试图推进中国社会政治的民主化进程。首先，双士以新的革命化的组织方式来建立社会精英的核心。这里的"革命化"意指以公开的方式将具有共同的价值取向的社会精英聚合为一个共同体。它意味着现代知识分子群体既不是秘密的、具有派系斗争色彩的结党，也不是小

---

10 参阅石泉：《甲午战争前后之晚清政局》，北京：三联书店，1997 年 11 月第 1 版，第 3－58 页。

11 关于传统士大夫与现代知识分子的区分可以参阅萧功秦：《知识分子与观念人》，天津：天津人民出版社，2002 年 1 月，第 1 版，第 22－24 页。

范围的以个人爱好和情趣为纽带结合到一起的文人结社。这种共同体集中体
现为以广学会主办的报纸之一《万国公报》为中心松散地结合在一起的知
识分子群体以及通过团结在维新派的喉舌《时务报》、《国闻报》等周围的诸
种维新派群体（例如强学会以及南学会等等）。《万国公报》等媒体和组织实
际上不仅仅为批评时政和鼓吹变法提供了论坛，而且大批支持变法的传教
士和维新派人士通过这些传媒和组织在思想的交锋中团结为一个有一定力量
和影响的整体。《万国公报》尤其显示出双士群体的公开性，即教义和改革主
张的公开有效性，而不是指共同体成员资格审查的可能性。这种公开性不仅
仅表现出双士从事变革的勇气和决心以及团结社会多数参与社会变革的意
向，而且也表达出他们要成为现代化进程中的精英力量的决心。单单从知识
分子和权力机构的关系来看，这个群体的共同点即主张非暴力的政治变革将
它和其后的国民党和共产党区别开来，后两者与其说是政权的批判者，毋宁
说是直接的当权者。换言之，双士与大致同一个时期的英国的费边主义者相
类似，即都是无军队的学者。他们试图以美国社会学家刘易斯·科塞（Lewis
Coser）在分析费边主义者时提出的"内部穿孔"[12]的方式影响掌权者的战略
和执政方向。其次，他们试图改变话语单极化的话语霸权传统，在积极地撰
写、编写、翻译、出版文章和书籍的过程中，他们尝试着将有限的单极的话
语世界扩大为较为充分的多极的话语世界，即创造出一种话语文化，在这种
文化中，衡量和断定一个人的观点和主张是否合理的尺度不再是固定的儒家
经典和掌握经典解释权的少数政权掌握者以及依附于现存政权的官方知识
分子或现行政治的辩护士。这种新的话语文化常常（事实上主要地）与数千
年的日常和政治生活中的带有先验论性质的种种假设大不相同。所以，它使
得所有以某种权威（主要是儒学及其以之为理论基础的皇权）为依托的主张
和理论陷入困境。它不断地或隐或显地置疑已经固化的一切传统，尽管它
有时也会以借古喻今的形式温和地批判现实和传统，例如康有为为推动事大
骇人的"布衣改制"先言孔子改制，以圣人的微言大义来支持变革。这种新
的话语文化本身就成为现代知识分子传统的一个部分即批判并担当新的社会
价值的代表。第三，双士担当起新的社会价值观念的创造者和传播者。双士
共同主张的新的价值观念主要体现在双方为推行变法提供的"自强之策"

---

12 刘易斯·科塞（Lewis Coser）:《理念人：一项社会学的考查》，郭方等译，北京：
中央编译出版社，2001 年 1 月，第 1 版，第 150、197 页。

上，即：在教民之法上，主张废除八股取士，开办新式学堂等，为适应现代教育和社会发展培养人才；在养民之法上，主张讲求农业，修路开矿等，为现代中国提供坚实的生产力基础；在安民之法上，主张裁汰冗员，惩治贪污，加强国防，设立议局等，为现代中国的政治民主化廓清道路；在和外之法上，主张通好立约，对外通商等，为中国独立的民族国家确立现代外交关系；在新民之法上，主张翻译西书，开设报馆，组织学社，出洋留学等，为现代中国的文化建设建立基础。[13]第四，双士游离于科举制度之外以自植学堂的方式培育新价值观的代表和践行者。无论是中国儒家知识分子还是传教士都肩负着一个基本的公共职能，即培育、教化继承者，向继承者传授他们赖以为系的知识和观念，通过这种方式儒家传统或基督教宗教体系得以代代传递和延续。在一个拥有儒士或神职人员的较大的社会中，学堂或神学院是维系传统、传递思想的必备机构。在 1905 年废除科举制之前，儒家学堂与政治体系和权力分配制度紧密联系在一起。儒家经典及其延伸出的种种书写符号除了具有知识的意义之外，更为重要的是，它们将知识的获取这个智性化育过程与获取王朝的权力和进入以儒学为基础的政治模式的过程联系起来。因此，每一个被经典化的符号成为儒士谋生和自我价值实现的主要途径。这种被圣化的符号知识体系与技术知识毫无关系，甚至前者会直接地贬抑后者。这种逃避科学检验的知识拒绝一切的实际检验，将任何对其确定性的怀疑视为对道统和政统的颠覆。科举制就是不断复制现存的道统与政统的工具，同时又是沟通、维系两者的桥梁。新思想的传播首先要切除科举制之下的学堂的单元知识结构以及它强化现存政治体制即为现存政治权力的合理性提供辩护的功能。为此双士都竭力主张改革直至废除科举制。维新派在批判科举制的陋习的同时，以发达学者理想之自由为办学目的积极地创建学堂，广泛招收学徒，主张所传之学必上下古今，以究其沿革得失，又引欧美比较之，试图贯通中西之学。康有为（1858－1927 年）自 1891 年起于万木草堂讲学四年，培育出梁启超（1873－1929 年）、徐勤（1873－1945 年）和麦孟华（1875－1915 年）等维新志士；1897 年湖南长沙设立时务学堂，梁启超等人任教席，培育出为中国现代化奉献生命的林圭（1875－1900 年）、秦力山

---

13 参阅王立新：《美国传教士与晚清中国现代化》，同上，第 418－419、438－439 页。另外可以参阅顾卫民：《基督教与近代中国社会》，上海：上海人民出版社，1996 年 5 月，第 1 版，第 291－298 页。

（1877－1906 年）和蔡锷（1882－1916 年）等志士。传教士则在主张改良科举制之外，建议仿效泰西之法建立现代平民化的学校和三级学制，增设西学科目，注重中西并务。双士在推行普通教育的过程之中将现代知识及其背后的价值观念传授给年轻人，为中国社会的未来发展以及他们成为现代社会中的成员作好准备。

## 结语　一种传统和现代性的关系

在晚清社会变革中，双士在上述方面共同推进了中国现代化的进程，但是他们两者的亲和性也是致命的。传教士认为国之兴衰与宗教密不可分，如果中国效法五洲各国顺从救世教者必不在欧洲之下。维新派立孔教为国教的做法深受传教士这种思想的影响。但是，康梁在反思、批判传统时没有为传统找到新的支撑点，在吸收基督教神学观念时走向机械模仿的死胡同即以基督教的外在形式将儒家文化宗教化。由此来看，虽然康有为自比为马丁•路德（Martin Luther，1483－1546 年），但是西方自启蒙运动以后确定的政教分离原则尚在他们的视野之外。现代宗教自由建立在由法律保障的个人选择基础之上，国家与宗教的关系主要表现为国家以否定的立场支持宗教活动，即不以全体公民的税收支持某一种宗教，从而确保在法律保障下的各种宗教享有自由。传教士以传播基督信仰为志业，如果传教士群体以**独立的力量**纯化社会道德、维护社会稳定与和平以及传布、交流中西文化，那么，他们的这些做法无疑会推动中国社会现代化的发展，反之，他们以传教士为身份、以传教的方式参与中国政治，姑且不论这是否合乎中国社会的大传统和小传统，单单就中国必然要建立现代民主政治来说，这必定会引起中国社会各种力量的反弹，甚至会妨碍中国文化生态的正当秩序。康梁变法归根结底没有抛弃与皇权之间的关系，实际上他们和传教士一起试图用自上而下的办法来灌输和实现其改革思想，其中包括建立孔教，但是一旦皇权成为一种摆设，这一点就将他们带上了自杀性的道路，孔教最终成了乌托邦。实践证明，如果没有自下而上路线与自上而下的路线双管齐下，那么，两者很可能都会落空，或是遗留下致命的痼疾。

双士在变法之际结成的改革共同体的重要意义在于它以公开的群体方式形成在民间与政权之外的第三种力量即批判型知识分子。这种知识分子构成了现代性的一个重要的要素。其积极意义不仅仅体现在双士共同抨击传统中阻碍现代化的要素之上，而且通过他们塑造的虽然失败但是对于现代社会不可或缺的批判型知识分子的模型对当代社会生活具有现实的价值：在重建社会政治秩序和社会变革或改良的过程之中，这种知识分子仍然担负着彰显、维护社会良知和人类普遍价值的作用。正是双士合作，共同参与社会变革，较为系统地运用传统的儒家知识和西方基督教传统阐述新的意识形态和话语，有意识地促动了较大规模的脱离地域与血缘关系的参政、议政的知识分子群体的形成。这种知识分子的角色并非一种曲高和寡的主流文化的旁观者（隐士）或彻底的造反者（革命家），他们与政治、社会运动和社会思潮有着动态且易变的、有时是对立的关系。如果说在传统向现代转轨的社会环境中，这种先知式的知识分子面临以强大的中央集权主义为后盾的保守势力的围剿，其所能够发挥作用的余地极其有限，那么，在对比的意义上，我们可以说，如果说在当代中国占据主导地位的社会力量是技术专家型治国论知识分子，他们的优势在于他们是"随着工业发展的先进水平和相伴而至的社会生活的合理化而出现"[14]的力量，他们因为成功地运作当代中国的国家机器而成为社会的中坚，那么批判型知识分子所能够发挥的作用又有多大呢？技术专家型治国论知识分子的话语主要表现为：（1）无止境地追求经济增长；（2）对自然实行技术控制；（3）过度地消耗资源；（4）大众文化泛滥。这种以技术理性为基础的社会发展方案严重地破坏了人、社会和自然之间的平衡。在现代性危机之下，以双士为模型的中国批判型知识分子或人文知识分子的角色的作用在于在激活自身的同时将自身塑造为现代性中的一个"逆主流"的力量。这种逆主流的话语受到来自中西激进传统的思想和各种知识系统的滋润。在全球化时代，这种激进传统既包括中国儒家知识分子的"人能弘道"的大丈夫的使命感和责任感，也包括基督教"道能弘人"的超越精神、关怀意识与谦卑意识，等等。如果说当代社会生态要保持稳定和健康，那么，在技术专家型治国论知识分子和批判型知识分子之间保持一种动态的辨证关系就是不可缺少的。当代社会也已经为这种关系提供了条件：大众教育和大学的建立；社会对知识的需求在增加；社会矛盾依然以各种形式普遍存在；新的社会思潮和运动在资讯时代潮涨潮落。在这种历史条件之下，批判型知识分子的角色在于在思想的承续和创造中关注社会问题，并运用历史承续下来的创新思想回应特定的社会困境，特别是当代的政治冷漠症和价值虚无

---

14 卡尔·博格斯：《知识分子与现代性危机》，同上，第 4 页。

主义。

在中国大陆，宗教在禁止将近廿年之后，在近廿年有了急遽的发展。西方传教士在中国自我改革开放的大形势之下进入中国主动地追求现代化的新一轮大变局之中，他们和中国当代知识分子的关系如何呢？批判型知识分子本身并不限定于某一种特定的阶级或阶层，毋宁说他们孕育于一切具有批判传统的文化之中。在全球化境遇之下，一切的政治和宗教问题都具有普遍主义的意味，传统的特殊主义成分在逐渐地淡化，这意味着传教士和中国当代人文知识分子在面临政治与宗教之间错综复杂的关系问题时有着共同的话语空间。换言之，他们之间可能存在着一种情境无涉、独立于某一种语境或某一种知识领域和价值领域的话语世界。在这种意义上，以上的探讨或许具有一定的启发意义：在现代性中培育出或成为现代性中的逆反力量。这种处于边缘的逆反的或批判的语境能够在与主流的局部斗争中发挥催化剂的作用。这或许就是在全球化时代新一波双士相遇从百余年前的双士中经验获得的一点启发吧。

另外，戊戌变法中的双士，特别是维新派在探索性地批判传统、改革"文人—官吏"吏治模式时与先在的各种传统有着密切的联系，无论是托古改制还是立孔教为国教都是在认同传统的前提之下进行的。但是，他们试图以激进的方式完成社会变革，这样他们与先前已经存在的各种社会传统的承受者以及社会权势转移后的士绅和地方儒士群体没有取得内在的一致性的联系。同时，这种改革大多数集中在政治领域之中，在经济在整体上尚未达到现代水平时试图以超前的政治变革一揽子解决问题，这种激进的做法本身就是一种冒险。而且，他们在重新界定自身的价值取向和政治改革时，很少集中思考中西文化问题。这样做的结果是，他们不能够团结其他潜在的现代化集团和阶层形成内在的凝聚力，也就无法建立稳定的意识形态以及价值上的广泛的一致认同和制约。这就给他们未来的批判型知识分子提出如下要求：中国的现代化离不开传统象征的庇护和传统精英的普遍认同，因此中国的现代化仍然要在维护传统之根的前提之下团结传统的承担者；戊戌变法时期的双士既反传统，又试图将传统中的某些象征符号系统恢复起来，这说明中西文化的交流与融合必须注意传统的复辟与再生的问题。双士短暂的辉煌业绩和苦难历史告诫后来者的一个主要经验就是：现代化在很大程度上受益于传统框架中的某些要素，现代性无法剥离于传统背景，相反，它恰恰要从这种背景中产生出来，中国知识分子对现代性冲击的回应也出于这种背景。这种传统和现代性之间的亲密关系意味着，在全球化时代，新的双土相遇仍然要继续依赖传统力量，利用这种本土资源并将之整合到新的现代背景之中。

# 第三章　全球化挑战与汉语基督教神学的回应

前两章分别从基督教的圣经正典以及中国现代历史上的戊戌变法事件来讨论基督教与中国社会的现代性问题，本章则将研究的视野转向全球化（globalization），探讨全球化对正在建构中的汉语基督教神学提出哪些挑战，以及汉语基督教神学对此作出哪些可能的回应。

自二十世纪九十年代以来，全球化已成为高频率使用、颇具时尚色彩的概念，在汉语基督教神学学术圈内也常遇见。和"后现代性"（post-modernity）一词相比，虽然二者都是二战以后信息革命这一社会巨变的结果，但它们之间有着极大的差异。备受争议、歧异迭出的后现代性强调文化中的紧张和分裂，全球化则着重表明在诸文化样式之间存在着平衡和安宁的预兆。它表现出当代社会文化、政治、经济的整合运动有趋向前所未有的平衡，形塑出一个世界性的社会。值得注意的是，在基督教神学视野下，这样的世界，既包括世俗人类中的沉沦者即非基督教徒，也包括一切社会群体和文化，其中也有已获重生的基督徒。因此，全球化将整个世界卷入其中，无一例外。正如现今一切形式的基督教神学必定在此境遇中言说，汉语基督教神学也概莫能外。

## 第一节　何谓全球化？

尽管表面上全球化带有世界大同的意味，闪烁着乌托邦色彩，即实现世界统治，但由于全球化事实上既没有一个意向统一的计划，也谈不上是一个单一的遵循一定法则的过程，因此，可以说，全球化并无内在一致的方向。它可以被视为一系列社会进程和技术发展相结合的产物。推动全球化的主导性要素至少可以包括：（1）日益发展的大众媒介强有力且有效地将讯息播及全球；（2）人口和经济的流动性加大，将人际关系和利益关系拉近并拉紧；（3）超越国家、民族、种族的社会、政治和文化联系愈加密切。正是通过技术的发展，借助自由市场，全球范围内的冲突、紧张和交融、汇合双股潮流互动激荡，跨越或超越社会和疆界的交际和沟通才得以成为可能。

全球化不仅仅指涉外在空间距离上的变化，即日益收缩、贴近，而且也折射到精神生活层面。换句话说，全球化既指此岸世界具有日趋压缩、浓缩趋向，也指人类整体的世界意识日趋加强的趋势。[1]因此，全球化还包含有如下两层含义：日益提高的社会、经济和交往上的联系思想；人类反思和知觉日益变动不居。这样，全球化过程不单单指外在的物理世界中的剧烈移动，更重要的是指处于这种双向、互动关系中的个人和文化上的认同和疏离。在目前的发展阶段，全球化的典型特征就是形成了与现代性密切相关的新的样式：关于世界、与世界密不可分的自我意识。

## 第二节　全球化对汉语基督教神学的三大冲击

单就宗教方面来说，全球化引导或迫使各宗教及其诸派别认识到：与世界正趋收缩这一趋向相伴随的是，每一种信仰都面临新的挑战，即多元主义，文化杂处、文化交叉的体验成为日常经验中无法购销掉的一个部分。因此，全球化对宗教生活的影响既是一个客观事实，也是一种与价值、文化、传统相关的主观经验。

既然全球化将构成社会的每根神经都拉紧，汉语基督教也不会例外。它对汉语基督教的影响突出地体现在它将汉语基督教神学导向如下境地：一方面它拓展了它的神学视野，另一方面它又提供资源让汉语基督教神学去回答全球条件下社会、文化和宗教多元主义背景中身处中国的基督信仰何去何从这一问题。因此，全球化已在并正在挑战、拓宽既定的汉语基督教神学视野。在我们回应这一挑战之先，解说全球化对汉语基督教神学的三大冲击

---

1 西门·克莱曼（Simon Coleman）：《灵恩派基督教的全球化：财富福音的扩展》（*The Globalization of Charismatic Christianity: Spreading the Gospel of Prosperity*）（Cambridge: Cambridge University Press, 2000 年），第 50 页。

不无意义。[2]

　　第一，消除地方化的多元主义冲击。全球化造成的迷惑和无所适从感部分地源自于对地方化或本地化的消除，以及这种消除带来的心理和精神上的震惊。许多人至今或曾经局限于某一特定的宗教传统之自足体验和生活样式之中。他们对自足的经历岁月陶冶的本土或民族性的宗教文化怀有着深深的依赖感和依恋感，而宗教生活中的种种要素又与他们朝夕为伴的地域互为唇齿。这样，对于他们来说，信仰生活和文化的土地结为一体。在这样的处境下，一旦（无论是以主动还是被动的方式）引入世界性的诸种宗教和文化，这必然使他们稳定、固态的日常宗教生活和文化动荡不安，确定性和安全感让位于多变和冲突。以普世为名的基督教对这种经历并不陌生。数世纪以来，基督教神学教导信众认识并把握基督教传统或圣经历史，正是在这些地方，意义的多样性、兴趣的转换、实践样式的修正都展现的一览无遗。在今日高度流动性的社会里，信仰生活脱离了地域的束缚，自由的信仰变成了信仰的自由。现代历史和发展观（包括进步理论）更是将历史的多样性观点转化为自身的一个有机部分。而对于基督教来说，地方化或地域特征如今通过直接的接触而非凭借阅读经典文本而被消解掉。这种接触经验比比皆是，例如，天主教、巴哈伊教的书店、电台遍及各地，基督徒和佛教徒结婚，犹太教徒改宗等等。这类多宗教共存共生共融现象在北美已成为现实。在多元文化背景下，信仰的种族中心主义已不再有立足之地。在过去，不少基督徒未能认识到要从过去两百多年来的宗教比较学和宗教史学那里汲取营养，认不清或有意回避以下事实：非基督教类宗教独自孕生、发展，并被其信徒所崇奉，其本身保持着自足的内在一致性。有不少基督徒甚至未能认清二战以来世界格局的大变换，尤其忽略殖民化瓦解引发的后续结果，更没有将诸种非基督教类的文化语言传统和基督教相连接。现今，他们从当代跨文化交流中认识到，许多被奉为独一无二的事物，事实上极普通常见。

　　对于汉语基督教而言，正是地方化的消除使汉语基督教神学意识到基督教并非是唯一伟大的宗教。随着改革开放的外在条件而来的是汉语基督教第一次全面接触全球的文化与宗教，并第一次有可能采取全球化的视野来认识

---

　　2　马克斯·L.斯塔克豪斯（Max L. Stackhouse）：《全球化对神学的挑战》（The Theological Challenge of Globalization），刊于《基督教世纪》（*The Christian Century*，1989 年 5 月 3 日），第 468－470 页。

自己的处境。这种认识向汉语基督徒本有的信心和汉语基督教神学提出了极大的挑战。面临多元化的现实及其生活，汉语基督教理论和实践已经显而易见地分裂出两种选择路径：自由主义和基要主义。[3]在认清现代多元化社会现实的不可逆性之后，前者试图系统地采用现代多元主义来改造已有的汉语基督教教义和神学传统。它以现代相对主义和多元主义为立足点，否认基督教和非基督教拥有绝对真理的可能性，认为基督教的信仰只是自身经验和历史处境下想象力创造的产物，因此具有暂时性、有限性和相对性等特点，诸宗教都走在真理的途中。后者则将基督教作为拯救世界的唯一选择，希望过往以基督信仰为核心的一体化、同质的文化和社会体系成为切实的现实。对于后者来说，虽然它并不否认、排斥、抵制其它宗教，对其它宗教和文化抱有宽容的态度，但是它认为末日审判之际即基督第二次降临之时，除基督教之外的其它宗教均受审判，除基督教信仰之外别无拯救之途。

无论上述中国基督徒和汉语基督教神学如何回应消除地方化所引致的各种冲击，对于前者而言，它所采取的策略是适应，对于后者而言，它所采取的对策是撤退与抵抗，它们在根本上一致同意如下见解：对其它宗教采取孤立态度，漠视其它宗教的存在，甚至在对它们一无所知或一知半解的情况下就做出评判，在宗教意义上属愚昧之举，在社会意义上是不负责任的鸵鸟战术。在当今全球化情境下，互相关联的世界决定了在此岸世界追求属灵生活的宗教绝非一座孤岛，而且如果只了解一种宗教，这等于对宗教一无所知。因此，了解诸宗教成为汉语基督教神学本有的一项无法回避的议题和任务。但是，在探索世界五彩缤纷、良莠杂陈的多样性时，汉语基督教神学又必须避免智性和灵性生活上可能会产生出的旅客意识。也就是说，在了解宗教和文化多样性时，汉语基督教不能忽略各宗教、文化当中蕴含的真理成份，不能走马观花，要辨明多种社会实践中包含的相对正义性，愈加努力地寻觅出覆盖诸宗教和文化的共性。

第二，国际化及其冲击。如果说消除地方化表明全球化正将多样性和多元主义显露出来，那么，国际化则意味着现代生活超越民族、国家和文化疆界，相互依存和共性意识逐渐成为主流，而这两种意识又可能会摧毁原有的以地缘为基础的多样性思想，同时会培育、形塑出以互动关系为特征的跨文

---

3 王忠欣主编：《多元化的中国与基督教》，多伦多：加拿大恩福协会，2001 年 5 月，第 128－129 页。

化和超越民族、国家的多样性视界。正是技术、城市化和人权运动等现代性质素化合成一股社会历史发展的合力，在世俗生活中既改变着物质器具世界，又对人类观念领域以潜移默化的方式产生出种种隐微而久远的影响。如同在西方曾发生过的那样，在亚非地区以及其中的中国，这股力量动摇了等级制、以血缘为纽带的人际关系和传统主义。这些都为传播福音带来了新的契机，同时也激励全球性社团类组织和机构的形成、发展和壮大。其结果是，宗教、文化和利益关系，无论是融合汇通，还是分裂冲突，都深深烙上全球性、人类性或世界性的印迹。

在二十一世纪已来临之际，这股合力引出的震荡已是显而易见的了。不仅仅蓝色的牛仔装和可口可乐正从西方如潮般涌入全球各地人口爆增的城市和乡村，单单技术就正被广泛地——不分国家、种族、文化、宗教——引进、推广和使用、更新。这里所说的技术不仅仅指器械、药品，但主要的是指现代性的实践，即运用当代科学去改变自然秩序（如克隆）以达到满足人类需要的目的。技术国际化的程度已达到令人无法想象的程度：中国深山老林里目不识丁的村民也会购置、使用彩电和手机。它引发出最令人注目的一件事：现代人类已赞同基督教的看法，即我们有权利（非权力）有责任去改变世界。但是，技术的中性特点在全球化时代衍发出种种隐患和危机，国际化的技术在无神法规约的大前提下极有可能成为全球性恐怖、暴力的帮凶。美国"9·11"事件即为本世纪第一个典型的案例。汉语基督教神学在此就有了自己的岗位并应当有所作为。

第三，对探求普遍性的冲击。文明离不开技术、商业、政治、军事、大众文化……。如果没有这些要件，文明无法成长。但是，人类的和平并不仅仅以此为基础，这是因为它们本身不能辨明真理，提供社会正义。换言之，普世和平和文明的成长与延续从长远来看深深依赖于最为本根性的基础：宗教关怀。正是它构成人类最内在的虔诚之心的核心，成为人类认识和情感的无形骨架，支撑起文明的有形要件，为文明与和平提供动力。

如果说上述观点即文明的成长依赖于宗教品质，就基督教而论，人类的全球文明与和平依赖于神的恩典，那么问题是：引导基督徒生活和生命的基督教真的具有普遍性吗？这里介绍一下北美的情况。在北美，源于十六世纪宗教改革运动的基督教流派形塑着信众的生活，并对社会生活有着广泛、深刻、潜在的影响。如同十六世纪基督教大分裂一样，现今北美的基督教流派可划分为与之相类似的两大阵营：罗马型教会和反罗马型教会。双方虽然各持己见，但都包含有反抗因子和改革成分。后者以强调和持守特殊性着称，抗议成为它们的旗帜。它们谴责虚假的普遍性，或者说，它们认为普遍性仅仅是一种虚构。这种做法大大有助于削弱伪饰，暴露虚伪，也有利于消除宰制和剥削，能带领信徒走出法老式的魔掌，从而摆脱封建制、奴隶制和等级制的束缚。如同以色列先民从巴比伦之囚中解放出来一样，这种以自由为宗旨的反抗或抗议传统是伟大的，但如今和自由市场联合成一体，失去了早先浪漫主义的意味和抵抗的硬度。这种传统还存在着致命的弱点，即它重在反抗和解构，最终无所规范、重建和建构。前者则强调样式，即志在发现、阐释永恒真理和绝对正义，揭示其中隐藏的规范性层面。在此神律和道德法则被视为生活中的必需。它们对法律的青睐，流露出圣经中的古老遗风，即以色列先民在旷野与神立约的契约意识。这种做法是将抗议转化为重建的关键性的一个环节，从而将在反抗人为的他律中赢得的自由升华为神治下的自律，也即将抗议原则（Protestant principle, Protestant 既指新教，又指该词的本意即抗议）锻造成大公原则（Catholic principle, Catholic 在汉语中既指天主教之意，其本意是"大公"或"普世"）。

上述基督教遗产的两个部分，即反抗和重构或抗议和改革，在当代神学领域呈现为如下分裂的态势：一方在反抗各种形式的普遍主义（尤其以德国古典哲学理性主义方式表现出来的普遍主义）的同时，另一方则抵制各种形式的历史主义和相对主义。也就是说，一方试图消解理性主义的妄想，即以人的理性确保基督教真理的永恒性、绝对性和独一性，另一方则在防范这种反抗可能滑入危险境地：神学虚无主义。只有在当今最为严谨的神学家那里，狄奥尼索斯（Dionysus）／阿波罗（Apollo）、信仰／科学、卢梭（Jean-Jacques Rousseau, 1712－1778 年）／康德（Immanuel Kant, 1724－1804 年）意义上的二分和对立趋向并非那么泾渭分明，典型的正统派、广义上的天主教、大多数的改革派以及新世界神学（New World Theology）正在生命本有的两个维度，即唯意志主义和理智主义之间搭建沟通的友谊之桥，而非挑起对立和冲突。

## 第三节　在全球化时代汉语基督教神学何为？

在进入影响人类未来的全球化世纪之际，汉语基督教神学应当何为？在我们看来，神学的首要任务是探寻出超越自由的种种行为规范，为人类未来找出以神为本位的行为句，而不能仅仅满足于建构以描述万物存在方式为己任的玄思大厦，或者说，不能止于建造陈述句。对于此点，本章参考美国学者斯塔克豪斯（Max L. Stackhouse）的观点，提出如下三个观点可供我们进一步思考之用。[4]

第一，汉语基督教神学需要彰显其公共性。指导基督徒的信仰必须以道德现实为根基，它超越私利，尤其超越基督教独一无二的历史经验中隐含的优越倾向，因此，汉语基督教神学倡导并为之努力的公共性不能成为特殊的公共性，也就是说不能成为某一集团、民族、国家、文化、种族独占的，标明自我优越感的公共性。这种狭隘的公共性与其说是公共的，不如说是自私的。要消除神学理论和实践上的私利要求和优越论杂质，汉语基督教神学理当找出既有的与基督教经验和历史相暗合的这类杂质存在的原委，同时将批判基督教经验和历史的准则公布于世，尤其要让那些原本不和基督徒共享基督教经验和历史的人们能接受这种准则，并从中受益，这种神学意义上的公共性的正规涵义就是指整个世界的规范性，或者说，就是指它在古希腊城邦制时代孕生出的最初的政治涵义。

第二，若要将汉语基督教神学的公共性显露出来，汉语神学必须为基督教信仰提供充分的理由，并超越仅仅将信仰当成信仰的同义反复式的独断论。如果汉语基督教神学无力做到这一点，希望别人对自己另眼相看只不过是自爱自怜的一厢情愿而已。神学的公共性要求神学面对不同的话语对象，而采取不同的策略，对于已接受基督信仰的人来说，神学教义学对陈述基督信仰就有用武之地，而在全球化时代，面对复杂的非基督教群体，护教学就绝非可有可无的了。换言之，在面对对汉语基督教神学不甚了了甚至一无所知的人之时，汉语基督教神学必须提供实质性的理由来显明基督教中的真理。在今日时代，公共事务上的问题和困难丛生，如艾滋病、国际恐怖主义、种族冲突等等，汉语基督教神学若要有所作为，则必须将信仰和公共事务及其行为方式联系起来，并在此前提下为基督信仰提供针对全球症结的辩护、解说和阐释。这意味着汉语基督教神学应当进入诸哲学和语言文化体系之中，而不能固步自封。换言之，汉语基督教神学应当以诸哲学本有的方式显明基督教中的真理的意义，揭示各体系从其自身出发必然会导致的混乱。如

---

4 马克斯·L.斯塔克豪斯：《全球化对神学的挑战》，同上，第 471 页。

果在其他体系中，基督教的某些信条和原理毫无意义，在意义上无任何普遍性可言，那么，汉语基督教神学应当有放弃它们的准备和勇气。

第三，汉语基督教神学引导基督教在伦理上建立具有包容性、同情心的社团，超越自我中心意识。基督教社团不论其形式如何，都要超越阶级、种族、部落之上，这是因为后者往往从切身利益、文化自卫出发排斥他们认为不恰当的外在条件（如经济、基因、性别等）并由此排斥具有这些条件的个体和群体。阶级、种族、种姓、部落本不具有普遍性，也抵制平等和权利的共享。在全球化时代，它们也会带来多元主义，但这种多元主义是战国时代诸侯分据式的、排他性的多元主义，缺少互爱和关怀。固守一己之利在某一时期会见到效果，但是，只有跨文化的、以同情心为纽带联结起来的社团才能超越它们，又能拆毁使彼此隔离的人造藩篱，将人类在共同生活中联系到一起。

## 结语　全球化与人的拯救

全球化绝非单纯是一个由物质主义、工具主义、理性主义主导的过程。尽管它逃避不了后者的影响，但它恰恰凭藉这些丛林生活中必不可少的手段达到神学意义上的全球化的目的：神性的发扬和人的救恩。不可想象，在一个无神性、人性堕落又无意悔改的地球村中人类的境况会如何？对汉语基督教神学而言，全球化首先是一个由神性来拯救人类的人性复位过程。谁也不敢断言何时神性能彻底洗涤人类的罪性，但直至今日，基督信仰者在以各种途径参与到这一过程中来。

如果上述从神学立场出发对全球化作出的回应能被当代汉语基督教神学及其实践所反思，并化育成基督徒的良知和个性中的有机部分，那么，神——人类唯一的普遍真理和正义的真正根基——就会受到崇敬，人类才会开出大的智慧。如果基督徒在和世界上各民族、文化交流当中将神－人修好作为大使命，如果说基督信仰在全球化过程中有范导价值，那么，汉语基督教神学理当然以尊敬和颤栗的敬畏感来担负传播福音的天机。或许，在承担这一天机之时，神的恩典照耀我们的人性，洗涤我们，洁净我们，全球化的未来就不至于陷入更深厚的罪的黑暗之中。

# 第四章 基督教何为？：中国现代性困境中的耶稣和恺撒之争

## 第一节 基督教何为？：政治实践成为理论追问的先导

在以"9·11"事件揭开二十一世纪序幕的历史境域下，作为一个问题的"基督教？"就不再仅仅是一个古老的哲学／神学反思的难题，毋宁说是一个崭新的政治挑战。在当代中国，这种政治挑战既有中国鸦片战争以降一系列的屈辱史以及当代急剧的发展趋势带来的直接经验证明，也有当代基督教日显强势的国际化趋势（第三世界基督教的回流浪潮[1]和国际问题宗教化倾向[2]）提供的间接佐证。这两个方面从过往和现在加强了该问题在未来意义上的重要性和紧迫性。我们无法忽略这种问题的存在。这种忽略实际上无异于逃避我们必须肩负的历史责任。如果我们承担起这种责任，关于"基督教？"的理论问题就首先表现为"基督教何为？"的政治实践问题。自现代中国以降，基督教首先是作为政治问题摆在中国传统（唐代的景教——元代的也里可

---

1 布鲁斯·雪莱（Bruce Shelley）：《基督教会史》，刘平译，北京：北京大学出版社，2004年11月，第1版，第521—527页，对于后二战时期的基督教在第三世界的兴起以及向第一世界的回流有非常好的介绍。

2 艾伦·D.赫茨克（Allen D. Hertzke）：《在华盛顿代表上帝——宗教游说在美国政体中的作用》，徐以骅、黄凯、吴志浩译，徐以骅校，上海：上海人民出版社，2003年，"中文版绪言"，第11—12页。英文版参阅 Allen D. Hertzke: *Representing God in Washington: The Role of Religious Lobbies in the American Polity* (Knoxville: The University of Tennessee Press, 1988).

温教——明清的天主教——近代新教的入华和天主教的进一步传播）和现实（基督教与文化侵略或和平演变之争，关于传教士的帝国主义工具论之争）面前的。在这种意义上，基督教的政治实践问题成为基督教问题本身的先导：我们在政治利益、框架和制约下接触、处理甚至接受基督教为中国文化和现实之一部分之后／同时，才开启我们好奇的大门，探索其中的堂奥。换言之，我们不是直接承继基督教文化，首先进行跨文化的探索和交流，然后落实于政治实践之中，而是相反，我们在经历一番政治审视、鉴定、辩论之后／之同时才开始严肃的学术探索之旅。所以，在当前以建构和谐社会为旨归的中国，"基督教？"问题从一开始就不是一个纯粹的理论问题，而是一个实实在在的政治问题：**基督教不得不再一次成为政治实践问题摆在我们的面前。**

## 第二节　老调重谈：耶稣是主？抑或恺撒是主？

基督教的政治性在当代中国语境之中最为显在地表现为**被动地或不得不**成为政治考察、分析和批判的一个焦点。这种**对象化的思维方式**一方面有意或无意地放大或缩小了基督教的政治功能属性，另一方面限制了世俗政治合乎理性地管理和利用基督教为社会担负道德教化功能的可能性。而后者是前者必然导致的一个结果。其中的原因在于，关于"基督教？"的理论追问首先直接转换为基督教在罗马帝国时代成为国教之前为罗马帝王所担忧和困扰的政治实践问题：耶稣是主？抑或恺撒是主？政治的基本逻辑是维护现行政权的统一与社会和谐。罗马帝王为了管辖跨越三大洲的广袤领土以及具有多样性的文化和宗教，最初不得不后又习惯于借助帝王崇拜来施行统治，希冀由此可以将"罗马和平"万世长存。耶稣和恺撒之争由此引发出来并一直以不同的形态延续至今。耶稣和恺撒之争的实质是：谁是社会（政治）的**权威**（Authority）？现代西方政治在经历中世纪政教合一导致的诸多问题之后，逐步形成了由欧洲提出（其中以再洗礼派为典型）、美国贯彻并推广到欧洲、构成现代民主政治制度特征之一的政教分离原则。就上述问题，这一原则提供的答案是：在世俗社会中恺撒是权威，基督教作为一个社会组织服从于民选政府的管理，遵守社会普遍约定的道德和法律。根据现代西方的政治逻辑，基督教是作为一个接受民选政府管理的社会单位而发挥一定的**影响**

（Influence），既不能够**干预**，也不能够**直接参与**，更不能够**凌驾于**民选政府的权威之上。如果我们误解这种在一定程度上具有普世性的政教分离原则，或将基督教的属灵权威和世俗权威之间的关系颠倒，放大基督教的政治功能，或将个体领域和公共领域绝对对立，让基督教在公共世界中缩小甚至销声匿迹，其后果是在担忧基督教僭越现行政权或扰乱公共空间的同时，不愿意或不善于发挥基督教的影响。而被边缘化并处于边缘的基督教也会因为这种担忧以及其带来的隐患而主动或被动地放弃对社会的影响。在这两种情况下，政府不得不承担起实际上可以部分让渡的道德教化、社会慈善、人际协调的社会功能，基督教则难以彰显它自身本有的影响；另外，政府为社会运作要花费更多的资源，作为社会之一部分的基督教则没有在社会有机体之中找到应属的位置：**以超越的价值批判社会以及教会之中普遍流行的物质主义，为社会提供一种非世俗的坐标或普遍原则，并以公民身份推动这种原则现实化。**

## 第三节　耶稣与和谐社会

当前中国社会的政治理念是建构和谐社会。这种和谐社会理论蕴涵着三个相互关联的环节：人与自然的和谐，人与社会的和谐以及人自身的身—心—灵的和谐。基督教在这三个环节上乃至在和谐社会之结构之中能够发挥一定的影响吗？

中国基督教参与社会的资格何在？在追问上述问题的时候，实际上我们尚需要回答这个资格问题。在我们提出这个资格准入问题的时候，普通中国人凭借中国历史和现实经验给出的答案可能是：基督教对于社会根本没有影响。尽管这个答案并非属于严格的回答，但实际上其后隐藏着对上述问题的解答：既然没有社会影响，何谈资格问题？就学理层面来说，基督教自唐代景教入华以来一直没有成为中国文化的一部分，的确没有在根本上与儒释道合流，没有真正成为中国文化传统中的一个不可忽略的要素。而现代基督教入华史的定性之争将历史问题政治化，现代中国基督教史本身也成为一个让人难断是非的谜团。这种模糊也在一定程度上将基督教影响问题推入不尴不尬的局面：若基督教在华现代史是一段黑暗、不光彩的历史，那么基督教在中国的当下历史定位就不仅缺少历史统绪，也使人们顺理成章地对当代中国基督教发挥积极影响产生怀疑甚至否定。就现代社会建立在尊重个人权利这一个体原则之上来说，信仰如果属于个人的选择和生活，并受到政府和法律的尊重和保护，以分门别类为特色的公共生活即使不否定宗教信仰，宗教（包括基督教在内）本身最多也不过是技术化、理性化社会的一个次要部门。技术和官僚社会的功能之一就是祛魅即破除公共生活中的一切神圣要素，一切社会要素均成为官僚政治制度管理的对象。中世纪基督教教权至上论导致欧洲社会忽略或压制崛起中的世俗社会本身的独立性和自主性，这从反面教导我们基督教不应当在社会生活中直接发挥政治作用。从基督教教理来说，基督教并不将现实生活视为最终归宿，对于基督复临和末世审判的盼望以及对悔改归信的教导，决定了基督教对现实社会的参与是以灵魂得救为终极归宿的。以上种种是否说明基督教就完全成为个人密室中的私事，对于公共生活毫无作为呢？这种看法是否已经成为一种金科玉律呢？

基督教对于中国政治的参与取决于社会本身出现了不和谐的现象和问题，中国现代性之困境成为基督教参与社会的合理和合现实的理由。这就是基督教"进入"社会的资格证书：其一，由于人类的罪恶导致人类和社会出现种种痛苦：生态危机，人口膨胀，贫困，贫富差别，失业，腐败，心理变态，道德危机，等等。痛苦需要同情和安慰。基督教如同其它任何一种宗教一样，在道德关怀和心灵慰藉上能够提供一定的人道的支持和帮助。其二，社会的主流观念以潜移默化的方式教化人。当代中国社会的主要病症之一就是物质主义或金钱崇拜。这种意识形态成为一股社会潜意识，在腐化道德传统的同时，自身也在演化为一种新传统，并可能会一代一代地教育人成为追逐金钱的机器。基督教如要成为一种**宗教**，那么它必须自身成为这种意识形态的解毒剂，而非融入其中。其三，基督教可以公正和公义为原则帮助诊断社会病症，对于社会危象提出自己的治疗方案。基督教以信仰对抗世俗，以道德原则揭示、批判社会问题，这本身就是基督教教义、先知以及使徒传统的一个部分和要求。其四，基督教的使命在于遵守神的旨意，其中旨意之一就是在世上效法基督背起十架受苦。基督教既给罪人带来福音，也永远与受苦者同在。受苦是作为基督身体的教会的使命之一。忘记受苦的基督教就成为敌基督者。基督教会史一再证明：基督教正是借助信仰在克服基督教教会内部之腐败、错误和失败中获得更新的力量并开展自己的未来道路的，其历史从埃及兴起的沙漠隐修风潮，到中世纪修会的兴盛，经过教改运动、复兴运动，直到如今第三世界基督教的勃兴。

# 第四节 和谐社会需要基督教如何介入？：关于首要原则

从"基督教？"问题来看，中国现代化的发展进程从一开始就带上了后发的特征：因为追赶而过于实用／功利。后发现代化国家的吊诡现象在基督教问题上体现为：在主动或被动地接受西方文化的同时，不得不有意或无意地将西方文化之有机部分的基督教割裂开。但是，任何机械式的拿来或拒绝在割裂或抛弃被借鉴对象的完整性的同时，也将拿来者或拒绝者自身推入尴尬的局面——不诚实。在这种意义上，以诚实的态度认识中西之别，与西方文化、政治制度和实践密不可分的基督教问题就不是一个与中国语境无关涉的**他者**。恰恰相反，西方的政教经验和教训成为我们自身叙事的一个背景，一个似乎先验的框架。笔者根据自己在北美生活学习的经验以及欧美神学和宗教实践[3]探讨在中国现代性语境中基督教的介入之道。

基督教对社会影响的首要原则是：**以神为本位宣扬基督教的社会原则，指明现行社会秩序和结构违背这些原则的地方，但并不倡导基督徒以信仰者的身份将这些原则转化为具体措施，但坚持认为并积极支持基督徒应当以公民身份致力于维护、坚持、推行乃至实现这些原则。**正是因为基督教对于社会的参与采取务虚的立场，基督教可能会受到两个方面的指责：干涉政治以及袖手旁观。所谓"干涉政治"意指基督徒指明并倡导一种从自身立场出发的普遍真理和原则，似乎凌驾于社会主流原则之上；所谓的"袖手旁观"意指基督教不能就现实的具体问题拿出切实可行的方案。但是，基督教在中国社会之中的存在意义就在于能够承受上述的双重指责：坚信基督教原则的普世性，但并不危及现实政权的统治，相反，倡导超越社会的普世原则有助于矫正社会走向自我中心；同时，坚持属灵的追求，放弃具体的改革社会的方案，有助于为社会提供一种积极的有道德的环境。在这种意义上，基督教入世的首要原则的务虚性蕴藏着务实的内涵。

基督教的基本社会原则至少包括：

---

3 参阅汤朴威廉（William Temple）：《基督教与社会秩序》，张伯怀译，香港：基督教文艺出版社，2003 年 7 月初版。

其一，一切以合乎神的旨意为最高尺度，以超验的绝对价值批判一切价值相对论。基督教并没有形成所谓的理想社会。如果说，基督教追求的是天国，那么现世一切的最高价值就在于荣耀神的名。就基督教和世俗政治的关系来说，基督教仅仅促成现实的政治目标以合乎神的旨意的方式得以实现。这种"促成"是对早年马克思宗教批判的颠倒：以天国批判现实，以天国中人－自然－社会的和谐关系批判现实中三者关系的错位。反之，一个以世俗社会和政治理念为最高尺度的基督教不得不陷入两重新危机之中：丧失了自己的独特性，因为没有为自己在世俗社会之中谋求到一席之地而缺乏独立性。独立性和独特性是互为条件的。基督教为自己辩护的力量来自于自身坚持的信仰，以妥协的姿态入世除了以基督之名谋求私利（物质利益或自身的财产和社会安全）之外，放逐了道成肉身的基督。而一个开明的政治也不需要这样一种惟命是从的宗教。中世纪和俄罗斯基督教的历史和经验告诉我们，世俗政治和神权的结合是一把双刃剑：世俗政治丧失了独立的管理社会的功能和能力，基督教丧失了对于灵性生命的呵护和追求。在基督教的普世原则和世俗政治的现实原则之间始终存在着动荡的冲突和平衡：世俗社会因为普世原则而获得一种超越的坐标，普世真理因为现实原则而有所承担和落实。但是，一个完全合乎神的旨意且在爱里面团契的社会在现实社会之中永远不能实现，神的国度已经来到人间，但尽善尽美的神的国度要到世界末日才能够完成。

其二，人是神的肖像，所以人具有神圣的尊严，人的价值在于人能够在神面前拥有神赐予的价值，人类的政治实践和理论要以尊重人为目的，而非将人作为实现某种政治目的的工具。在基督教看来，和谐社会是一个尊重人的价值和尊严的社会，是一个由和谐的人－自然－社会构成的和谐社会，而非一个为了和谐社会而让人、自然、社会成为工具的社会。换言之，和谐社会为人而在，人本身并不作为工具为和谐社会而在。这样的一种和谐社会就是天国，或神的国在人间初熟的果子，但是，完善的天国不会在现世的环境中成为现实。

## 结语　入世与属世

当代中国语境的耶稣与恺撒之争的圣经依据就是耶稣关于入世和属世的区别（约翰福音 17:18）。基督徒被呼召入世，即在这个世界上宣讲、展示神的救赎之爱，但是，耶稣又严格地警告不要属世（参阅约翰一书）。在这种爱世界／不爱世界的张力中，在基督教历史和现实之中，基督徒出于各种原因而走上两个极端：在入世之中迷失自我和信仰；在出世之中，让福音对于现实生活没有影响。这种分野在现代神学史上表现为基要派和现代主义之争，两者各执一端：自由派既在世又属世，而保守派则完全不入世。保守派指责自由派将福音变成了纯粹的社会和政治事务，而自由派认为保守派完全脱离了先知的社会和政治生活。但是，上述两种立场均坚持了部分的真理：人类在道德上是败坏的，在社会和政治上是罪恶的。但是，人类道德上的败坏不是说人类要避世，人类政治和社会上的罪恶并不是说人可以入世并属于这个世界。其中的实质在于避世和属世均坚持了同一个立场：在日常事务之中没有赋予神一席之地。

# 第五章 工作与安息：顺应天道的都市工作伦理——都市生活与新教工作伦理初探

前面四章分别从基督教的圣经正典、戊戌变法、全球化以及当代中国处境中的政教关系展开本书的主题，本章则将研究的对象聚焦在当代中国都市生活中的工作伦理危机，试图从新教传统资源中寻求解决之道。

## 第一节 当代都市工作：关于"忙"的现象描述

当代都市人生活的一般图景就是"忙"，"忙"穿梭于家庭、街道、商场、办公楼、餐厅等等地方。"忙"既从口出，犹太人见面的问候语和告别的祝福语 *"Shalom"*（平安）在当代都市人口中变成为"你忙吗？"，又显露在人的行为之中：行色匆匆。当代都市人甚至"忙"到没时间去思考"忙"的程度。"忙"已经成为一种基本生活状态、普遍事实和情绪。

就都市人"忙"于工作来说，作为工作场所的"办公室"（包括电脑、电话、手机等用于办公的用品）成为人自身生活中的主要对象或延长的器官。都市人不再与泥土、动植物、阳光有着朝夕与共的关系，——即使有，它们也只是一种心理抚慰或阳台上、客厅里的点缀，帮助都市人勾起对曾经熟悉的自然生活的一丝似曾相识的回忆。都市工作族对于"手头上的"键盘、电话号码和手机"了如指掌"，甚至可以说，它们已经构成他们身体器官的一个部分，而对于邻人（包括自己在内）已经陌生：打手机、发短信、写博客、转微信、敲键盘玩游戏代替了"面对面"的谈话和"肩并肩"的牵手，人造的通讯和办公用品既在扩展都市人的交流和交往的圈子，增加对他人和社会的了解和信息，又将都市人的亲密关系隔离开。除了熟悉的"办公室"之外，都市人生活在一个陌生的世界之中。

除了"家"之外，"办公室"成为人生活中的主要关系。在"家"（一般占据每日三分之一的时间）与"办公室"（一般占据每日三分之一的时间）之间关系上，不仅两者之间的空间距离会消耗人之体力和精力，间接地延伸了工作时间，而且虽然在消耗日时间的数量上，两者在一般情况下没有悬殊，但是在质的关系上，"家"成为手段，而"办公室"成为目的："家"所代表的人类主要的生活方式"亲情"和"繁衍后代"成为"办公室"所代表的"利润"的工具。"办公室"已经成为没有爱心的世界的避难所。对于工作狂，"办公室"成为从情感无序的"家"中摆脱出来歇口气的地方，其他人实际上和他们的工作结为伴侣，将曾经为"家"保留的情感和意义都投入到工作中。越来越多的人收到家庭"解雇通知书"[1]。随着办公自动化的发展，现代网络技术为家庭办公提供了技术基础，"家"变成了"办公室"，"办公室"变成了"家"——两个世界在混淆了边界的同时，两者原有的位置颠倒了："家"从社会人口生产单位和心灵歇息的港湾改变成为社会基本经济生产单位。当代都市工作族的全部成为"办公室"的一部分。"办公室"不仅在他或她生活时间中占据主要部分，至少占据每日三分之一时间（排除各种名目的加班之外），而且成为他或她的价值观、社会地位的外在尺度——在不同的"办公室"创造出的财富决定了他们的消费方式、价值认同、家庭结构。在一定意义上，"办公室"决定了都市人的一切，而非相反。"办公室"成为家庭地位、娱乐休闲的决定者：都市人不是"办公室"的主人，"办公室"成为都市人的主人。

"办公室"的对立面不仅有开展私人生活的"家"，还有体现为"不在工作"的"失业"。"失业"是工作的缺乏，但是"失业"是"办公室"的一个隐藏部分或不可抹去的阴影。"办公室"是实在的"在工作"事实，"失业"是它的一个补充。"办公室"以实际的"忙于工作"存在，而"失业"就是以"忙碌地寻找工作的方式"存在。"失业"不是一种"不工作"或

---

1 迈克尔·耶瑟普（Michael Jessup）：《后现代消费主义的意义和危害及基督教的回应》（Truth: The First Casualty of Postmodern Consumerism），刘平译，载于《维真学刊》（加拿大）第 11 卷，2003 年第 1 期，总第 28 期，第 19 页。

"不忙于工作"，毋宁说是"不在工作"状态的忙碌，它的目的是进入到忙碌的"在工作"状态之中。在这种意义上，失业就是工作本身之一部分，只是以缺乏工作或"（暂时）失去职业"的工作形式出现，是一种忙碌的"不在工作"的工作或"潜在的"工作。

　　"忙"不仅频繁地出现在人的口头上，也形象地勾画出都市生活群体的精神面貌。从"忙"一词的汉语结构来说，"忙"就是"心""亡"。"忙"的状态不仅体现在身体在空间上以"办公室"为中心进行移动，而更加主要的是，人之心灵世界被外在事物或事务所占有，不再花费时间去面对自我以及超越自我的世界。都市人没有时间去体验自然、关心家庭的亲情关系，甚至除了"办公室"中的公共事务之外，其余的社会公共问题也在"忙"之视野之外。在精神世界中都市人越来越疏理于自然、亲情和公共社会。即使都市人有时间去旅游度假、与家人共进晚餐，参加社会活动，到健身房练习瑜伽，但是他们关注的焦点并不超乎工作范围之外，相反，所有这些行为或活动都成为工作之延续、补充。"办公室"的"忙"之法则似乎无所不在，渗透到都市人精神生活的方方面面：因为工作繁忙导致心理不适，都市人解决之道是到另外一个办公室来寻求帮助，而提供帮助的人生活在另外一个办公室，面临和经历着同样的问题和困境；因为工作压力导致亚健康，都市人选择的出路是到另外一个办公室去挂号和就诊，同样，治病的人也需要到另外一个办公室去寻医问药；直至人最后老死、病死或过老死，他人也得将死者后事作为业务交给殡葬公司、律师事务所等机构去处理。都市人穿梭在"办公室"之间，心灵不曾歇息；都市人漂浮在"办公室"的纸张、网络、短信之中，心灵充斥着变动不定、堆积如山的事物和讯息。因为"办公室"隐藏着"失业"——无办公室的潜在工作，所以所有的"在工作"的都市人都为"失业"所焦虑：担心和害怕自己"不在工作"。这种焦虑不仅对身边的人产生敌意，也对一切潜在的替换自己的工作者产生敌意。敌意有时候是无对象的，尽管是有原因的。概言之，忙于物则为物所奴役，心为物忙则心为物所宰制。都市人"忙"的最后结果是心灵被物化，人与人之间的关系在水泥和钢铁铸成的丛林中陌生、疏远而冷漠、敌意。

　　都市人工作的意义既明确无误，又飘渺不定。工作的现实取向是为了赚钱、享乐，但是赚钱和享乐并不是意义之本身，它们本身反而成为工作大机器上的零件。如果物质财富和肉体享乐能成为人生意义之全部，那么无意义感就不存在，但是将生活定位在通过工作控制眼前利益之上带给人的是对未来和当下的不确定感：恐惧未来可能随时发生的"不工作"事实，在享乐之余感到空虚无聊和孤独乏味，在社会人群中觉得个体无足轻重、无差别，以及在感到世界越来越紧密的同时，又感到越来越人情寡淡。一般说来，收入的增加并不会提高快乐和安康一类的主观体验。都市人希望在找到快乐过程中满腔热情地登上"工作－消费"的这一令人厌倦的快车上。但是，物质财富增加了，快乐却越来越少。赚钱越多只是意味着快乐更少，而陷入绝望、自杀、肥胖、吸毒、失眠、过老死的危险更大。因此，现实的都市经济的增长是在为失望感、无用感、无目的感以及一个由腐蚀真理和价值观造成的迷乱的社会生态环境培育基础。所有这一切说明以财富和享乐为目标的工作并不是生活意义之本身。

在都市工作本身之内和之外爱已经成为一种可笑的怪物。在以消费主义为导向和将个体标准化为基础的工作中，**以热忱、忠诚和盟约为基础的爱日益变成工具**。一旦这一切真正地完全成为现实，个体开始"斤斤计较"、"打起小算盘"，开始计算爱的风险和回报。当爱可以在社会工作上买卖和交易的时候，个体同时也被客体化，具有一次性用品的特征。在都市工作之内，工作者将爱功利化，而在工作之外则将爱和性相混淆，肉欲代替了爱，肉欲摧毁了个体性。爱以个体性欣赏它的对象，情感专一，但是一旦喜好完全没有个体性的感官愉悦，那么个体性就适得其反，其对象在原则上就可以由任何对象来替代，就像工作大机器之上的任一零部件都可以被替代一样。这导致的后果就是对爱的恐惧以及性之泛滥。现代人患上了癌症——"爱无能"或"爱疲劳"：在工作之内担心得失而不愿意爱，在工作之外追求无爱之性的满足而以之取代爱。[2]

## 第二节　圣经工作观：以侍奉为目的的伊甸园模式

新教的工作伦理建立在圣经基础之上。首先，从旧约来看，旧约关于人在堕落前的工作的主要经文有：

> 神就赐福给他们，又对他们说："要生养众多，遍满地面，治

---

2　关于城市生活的描述可以参阅威尔逊（Michael Wilson）：《城市牧养学》（*A Coat of Many Colours*），文国伟译，香港：基督教文艺出版社，1991 年 7 月初版，第 1－57 页。

理这地；也要管理海里的鱼、空中的鸟，和地上各样行动的活物。"
（创世记 1：28）

耶和华神将那人安置在伊甸园，使他修理看守。（创世记 2：15）

由以上经文来看，工作是神美好的创造计划的一部分，神在创造世界之后委托人"管理"受造世界；在伊甸园中，在人类堕落之前，神也将伊甸园委托给人来"修理"、"看守"。神既创造又护佑世界，从来不会停止他对世界的眷顾，而神以自己的肖像创造人类，那么人也必当不能"不劳而获"，人之工作反映出创造之神的形象。另外，工作是神颁布的诫命，人既承担神所颁布的诫命，那么人就接受了工作的责任。对于人类来说，工作不仅在于谋生，而且在于为保障世界之和谐秩序而贡献自己的一份力量。但是，在旧约中，人类因为堕落而受到惩罚，伊甸园中美好的工作转变成为人间的劳苦。神在人犯罪后发出诅咒，人在世上辛劳的工作成为人犯罪的后果之一：

〔耶和华神〕又对亚当说："你既听从妻子的话，吃了我所吩咐你不可吃的那树上的果子，地必为你的缘故受咒诅。你必终身劳苦，才能从地里得吃的。"（创世记 3：17）

希伯来众先知反复、大声抨击以色列人作违背神的诫命和律法的工作，其中最大悖逆是以色列人像外邦人一样制造偶像，"眼泪先知"耶利米说道：

各银匠都因他雕刻的偶像羞愧。他所铸的偶像本是虚假的，其中并无气息，都是虚无的，是迷惑人的工作。到追讨的时候，必被除灭。（耶利米书 10：14—15）

而《传道书》全篇的主旨就是认为人类的一切作为（包括工作）都是徒劳无益的：

我见日光之下所作的一切事，都是虚空，都是捕风。（1：14）。

直至弥赛亚时代来临的日子，人类不再陷于有罪的工作之中，但是工作本身并没有终止，到那个时日，当代人类孜孜以求的**战争经济学（刀剑）**转换为未来的**共享经济学（耕犁）**，"第一以赛亚"说道：

末后的日子，……他〔耶和华〕必在列国中施行审判，为许多国民断定是非。他们要将刀打成犁头，把枪打成镰刀；这国不举刀攻击那国，他们也不再学习战事。（以赛亚书 2：2—4）

其次，从新约来看，新约并没有否定世上工作，耶稣因为在安息日工作（治病救人）违背安息日律法而受到恪守犹太律法的法利赛派的指责，但是耶稣在呼召门徒的时候，让他们放下"手头上的"属世工作而为天国作工：

> 耶稣顺着加利利的海边走，看见西门和西门的兄弟安得烈在海里撒网，他们本是打鱼的。耶稣对他们说："来跟从我！我要叫你们得人如得鱼一样。"他们就立刻舍了网，跟从了他。耶稣稍往前走，又见西庇太的儿子雅各和雅各的兄弟约翰在船上补网。耶稣随即招呼他们，他们就把父亲西庇太和雇工人留在船上，跟从耶稣去了。（马可福音 1：16—20）

四福音书也没有一处表明耶稣自己在传道后继续承继他父亲的职业——做木匠。在新约中，工作除了指世上的工作之外，新约还多处宣称信福音与传福音为"神的工"，在两者关系上，后者高于前者：

> 众人问他〔耶稣〕说："我们当行什么，才算作神的工呢？"
>
> 耶稣回答说："信神所差来的，这就是作神的工。"（约翰福音 6：28—29）

而传福音的人被称为"工人"："你当竭力在神面前得蒙喜悦，作无愧的工人，按着正意分解真理的道"（提摩太后书 2：15）。使徒保罗的情况则与耶稣不同。精通希伯来宗教和希腊文化的罗马公民保罗的职业是制造帐篷（使徒行传 18：3），他自给自足（哥林多前书 4：12；哥林多后书 11：7；帖撒罗尼迦后书 3：8），并奉劝信徒要效法他（以弗所书 4：28；帖撒罗尼迦前书 4：11；帖撒罗尼迦后书 3:10）。从以上引文来看，无论是耶稣还是"外邦人的使徒"保罗的工作可以分为世上的工作和天国的工作，前者服务于后者，两种工作的目的都是侍奉。

总之，从旧约来看，合乎神的诫命和律法的工作是神颁布的诫命之一，是人在世当履行的职责，具有神圣的尊严和价值。在新约之中，工作具有意义，甚至在安息日出于爱与怜悯的工作依然必要，而工作的重心不仅仅是一种责任、天职，而且更是一种侍奉。

# 第三节　都市与新教工作伦理：三种进路

都市与新教工作伦理之间的关系始自于勃兴于欧洲的现代化浪潮。从十六世纪的新教改革以来，它已经就此主题形成三种主要的进路[3]：

第一种进路是以信义宗创建人马丁·路德为代表的天职工作观。路德提出"人人皆祭司"的教义。这一教义摧毁了传统的罗马天主教神父阶级享有的权威，让所有信徒获得平等权，促使基督徒个人肩负其来自神的天职（Vocation）。这种天职具体体现在世俗工作以及神职工作（修院和讲道）上。但是，路德的天职观隐藏着诸多问题：首先，它假定神赐予的职业是一生不变的。但是，现代以及当代社会面临着失业、移民、换（不同种类的）工作的事实，社会和工作的流动性以及变迁决定了个体　生不可能在一地以及一个行业一辈子工作。路德的天职观没有回答如何解决流动工作、转变工作的难题：在没有中介权威提供指导的处境之下，个人如何在神—人关系基础之上处理工作上的转变——如果来自神的天职可以变动不居，那么神的信实以及绝对权威何在？天职是属于人的抉择而非来自神的呼召？还是说，天职仅仅是遵守神的诫命而非指从事具体的职业？其次，路德假设职业可以为个人生活提供保障以及安全。但是，在社会生活发生巨大变化的当代都市生活中，职业与其说带给个人的是保障和安全，毋宁说是让都市人生活在越来越大的不确定性和偶然性之中。再次，路德提出的天职观鼓励基督徒满足于政治、社会和经济现状，也满足于现有的生活地位。因此，路德的职业观在本质上属于传统。他的职业类似于人们不得不接受的圣职任命，成为人们必须去适应的东西。最后，路德的天职观让天职成为神和个人之间的事情，但是在现代以及当代社会中个体的职业成为整个社会有机体的一个部分。路德没有回答作为社会整体之一部分的个体如何承担天职的问题。在一定意义上路德忽略了天职中的人类整体之责任问题。

第二种进路是以改革宗创建人约翰·加尔文（John Calvin，1509－1564年）为代表的责任工作观。[4]加尔文的职业观是预定论的产物。预定论认为，神在创造宇宙之前决定人是获得拯救还是诅咒。从表面上看，预定论认为每

---

3　关于新教的三种工作观参阅艾金逊（David Atkinson）：《基督教应用伦理学》（*Pastoral Ethics*），汇思译，香港：天道书楼，2002年9月初版，第134－140页。

4　关于加尔文的工作观的综述参阅威尔肯斯（Steven Wilkens）、帕杰特（Alan Padgett）：《基督教与西方思想》（卷二）（*Christianity and Western Thought*, Vol.2），刘平译，北京：北京大学出版社，2005年第1版，第291－292页。该书作者关于加尔文的观点采取的是马克斯·韦伯（Max Weber）《新教伦理与资本主义精神》中的主要观点。

个人的拯救或诅咒早在宇宙创造之先就已由神封好，这似乎会导致宿命论，但是它在加尔文思想中产生出相反的效果。因为加尔文相信人不知道自己是否已蒙拯救，这就形成了韦伯所谓的"拯救焦虑"（salvation anxiety）。这种不确定感必然地导致有坚定信仰的加尔文主义者将寻找某些迹象（*Symptome*，征兆），根据这些迹象来决定他或她是否拥有无与伦比的恩赐。可以算作拯救证据的就是追求有意义的物质成功：对于信徒及其教会来说，在世俗社会秩序中，他或她自身的道德行为和命运成为恩典状况的迹象。因为信仰并不促成他们的拯救，富有成效的行为就被视为神恩典的记号以及顺服神的呼召在受造世界中侍奉的确据。继承加尔文思想的清教徒在生活中的一切事情上寻找神的权柄，如果神向其选民显明了得利的机会，那么，他或她必须抱着一定的目的去做。因此，有信心的基督徒必定利用这个机遇，由此追随呼召。这推动清教徒们理性地去追求物质目标。尽管清教徒的著作在追求神祝福的确凿的标记的时候，也对财富提出警告，但是，这些警告并不禁止积累财富。事实上，仅仅因为财富容易导致懈怠的危险，所以才会遭到反对。另外，通过理性地追求物质目标能够带来巨大的生产率，所以，新教工作伦理对传统的统治手段提出挑战。一旦它生根，在世俗职业中，这种无休止、连续、有系统的工作成为禁欲主义的最高手段，同时，也是灵魂再生和真信仰最确定和最自明的证据，这必定成为可以想象到的最有力的杠杆，用来扩展资本主义精神。所以，对于加尔文来说，路德消极的职业观不情愿回应神赐予的机遇。相反，有目的地运用由神提供的资源是平信徒荣耀神的途径。工作的目的在于实现目标，因此成为一种职业，并被整合入灵性范围。加尔文派的工作伦理学思想已经在"中国的耶路撒冷"温州广为流传，在一定程度上，其中的主导原因在于加尔文为调和信仰和利润提供了神学依据。加尔文派的工作观希望工作成为荣耀神的手段，但是将工作确定为一种责任，在实际工作中人们往往会陷入竞争、谋取利益、维持生存的世俗事务之中，真正的目标因为不能落实而成为一种虚假的口号——因为追求实现现实的责任会遮蔽支撑责任的大诫命：爱神和爱人。此外清教徒的行动指南《威斯敏斯特信纲》认为，"我们不能藉着最好的〔善〕行从神手中赚得赦罪或永生，……我们既不能藉着善行叫神得益处，又不能藉着它们补偿我们以往的罪债；……善行既然藉着我们做出，也就都受到玷污，搀杂许多的软弱和瑕疵，以至于经不起神严厉的审判。"[5]以此来看，基督徒好的工作（善行）既不能够益神，也无法补偿人之罪恶，而加尔文派没有解决信仰和现实的物质追求之间巨大的落差或矛盾。

　　第三种进路是以现代新正统派创建人卡尔·巴特（Karl Barth，1886－1968年）为代表的侍奉工作观。巴特的工作观首先认为工作是人类行为的一部分。人类可以做出与神、他人、环境有关系的行为，这种行为将人类和无机界、植物界和动物界区分开，构成属于人类的自我超越行为。其次，巴特认为人类的行为只有与神相称才具有意义。而神的行为由两个部分构成：中心和周边范围。前者是神藉着耶稣而降临的天国，而围绕这个中心的周边范围是神恩典的护佑凌驾于一切之上。与此相称的两种人类行为分别是：侍奉和工作。耶稣甘愿成为仆人，为了拯救世界以及彰显父神的荣耀，甘愿舍弃生命，所以基督徒的首要使命是效法基督作仆人的样式，将自己的行为视为侍奉神和服侍人。当基督徒作仆人，就是在天国中侍奉神，神会将基督徒的行为提升并与他的行为相称。另外，神的护佑让世界持续存在，教导并看顾世界，所以基督徒要采取工作的样式，要表明人为神所造，活在他的护佑之下。这样的工作就是维持世界的运行，指导并看顾世界，爱护受造物。概言之，在巴特看来，天国藉着耶稣降临，神的护佑围绕和支持这种中心行为。同样，人类的工作就是围绕并支持天国的侍奉，藉着工作以及其他途径来服侍人。巴特的工作观凸出神在工作中的中心地位：尽管工作在社会和生活中占据重要地位，人要诚实地工作（帖撒罗尼迦前书 4：11）、赚钱生活（帖撒罗尼迦后书 3：10）、看顾有需要的人（以弗所书 4：11），但是工作不具有绝对中心的地位：人的工作只有在神的护佑之下才能寻着意义，才能预备侍奉神。因此，在巴特看来，人类的一切工作都是有限制的，只有在神的国度中的工作才是无限的，而无限的工作既是人类要去靠近的核心，也成为人类一切有限工作的条件。再次，巴特认为，因为工作是服侍他人的一种途径，并以此来回应神的护佑，所以人类的工作是充满人性的行为，工作要人性化，而非非人化或马克思（Karl Marx，1818－1883 年）所批判的"异化"。在此基础之上，巴特认为工作可以分为两种类型：正确的工作，即合乎上述要求的工作，这

5 参阅 *The Westminster Confession of Faith, Together with The Larger Catechism and The Shorter Catechism with the Scripture Proofs*, Lawrenceville, GA: Committee for Christian Education & Publications, 1990, 3[th] Edition，第 16 章第 5 条。

种工作带领人走向真正的生活目标；与前者对立的是错误的工作。属于后者的工作，在当代都市生活中主要有性工作者、广告业、娱乐行业、房地产业、证券交易等。最后，巴特讨论了工作中的相互关系问题，即工作是肯定人类彼此的需要和支持，并以此享受神的恩赐，呈现出纯真的本性。

## 结语　工作与安息：顺应天道的都市工作伦理

在前文中我们已经描述了当代都市人的工作现状，并概述了新教回应现代工作伦理的三种路径。在这三种路径之中，巴特的观点更加合乎圣经传统：工作本身是不可或缺的，但是工作不是生命的核心，而侍奉才是生命的大使命；作为边缘的工作要为中心服务。

上述思想对于当代都市人的意义至少体现在以下几个方面：

首先，工作不是生活的全部和核心。在工作之外，我们的亲情、人与自然的关系、人对超越者的追求和领悟、个体自我的反省更加重要。这种新教的工作观颠倒了已经颠倒的世界观和价值观：人不是宇宙的中心，更加不是世界的主宰，透过一切工作人不会成为世界的主人；人生的价值不在工作本身，在工作之外和之上存在着超越工作的目标和目的。

其次，人类的工作是有意义的，但也是有限制的。这种限制就是人不能将自己的时间全部花费在以征服物质、获取权力为导向的工作之上，人被决定要划出时间来从事非工作的事情：与家人团聚、休息、消遣、娱乐和安静自己的心。人要在非工作的时间中来面对自己，审视自己在工作和日常生活中的所言所行，交往和了解与工作无关的人与事，参与各种公共活动。

再次，工作要合乎人性。工作之本质并不在于获取物质财富，而在于为社会增进幸福和快乐。一切反人性的工作本身虽然为个人或小群体谋取名利，但是以损伤人类集体的利益为代价。这种工作既反人性，更反神性。

最后，侍奉的生活是服侍人的工作和对神的敬拜的统一。犹太—基督教的安息日律法和传统[6]为现代人提供了指导。安息日的奥义就是人效法神在

---

6　犹太教关于安息日对于现代人的意义的论述参阅：Samuley Boteach: *Judaism for Everyone: Renewing your Life through the Vibrant Lessons of the Jewish Faith* (New York: Basic Books, 2000); A. J. Heschel: *Sabbath: Its Meaning for Modern Man* (New York: Farrar Straus & Giroux, 1951)；亚伯拉罕·柯恩（Abraham Cohen）:《大众塔木德》（*Everyone's Talmud*），盖逊译，济南：山东大学出版社，1998 年第 1 版。

征服空间之外要在时间中与神交流：六日用于生产，而第七日用于在神面前呈现自我。所以，衡量人生活意义的尺度不仅是生产物质财富的工作，更加离不开生存中寻求呈现自我的喜悦。合乎人性的工作不仅具有超越自身的目的和价值，而且预留时间来呈现自我与超越者的关系。这样的工作才顺应天道（the Word of YHVH），打破"工作－消费"的循环，恢复圣经中爱之本义。

# 第六章　市场经济与中国基督徒学人的成功观与终极价值观

　　前面五章分别从基督教的圣经正典、戊戌变法、全球化、当代中国处境中的政教关系以及都市工作伦理展开本书的主题，本章则以中国基督徒学人应对当代中国市场经济处境为研究的对象，试图在剖析当代中国大陆特定的现代化机制的基础之上深入其背后讨论中国现代化的理论与实践在内在的价值观上会给这个群体带来的巨大冲击以及他们可能会作出的回应。

　　正如前文所述，二十世纪八十、九十年代以来的当代中国社会主旋律就是彻底的物质主义，占有和享受物质财富及其符号形式成为衡量成功与否的尺度。在市场经济卷席一切有形和无形的神灵之后，人们追求的最高目标就是无最高价值的个人物质以及感官福乐。正是在这种处境之中，中国大陆基督徒学人正在三个战场作战：在个人生存经验上应对市场化的冲击；在委身的教会事工上建构反映时代精神之精华的本色神学思想，来反映、指导、规范中国教会事工的发展，应对教会内部各种形式的成功神学的挑战；在学术机构中为基督教成为中国文化中一个不可或缺的要素而从事学理上的积累和建构工作。在上述三个战场中，基督徒学人的种种作为尚需时日转化为理论，但是当下的迫切任务之一就是破除物质主义成功观之迷思，将当代中国人的道德生活引向已经存在而被遮蔽的十架道路。本章从两个方面切入这个任务：首先，宏观分析二十世纪八十年代以来中国社会在制度和道德生活上的总体状况（第一、二节）；其次，从十架神学反思并批判大陆教会中普遍存在的成功神学（第三、四节）。藉着这两个方面的论述，本章试图揭示出在伦理层面上中国大陆基督徒学人尚有大量空白要去填补。

# 第一节　中国现代化：跨世纪的市场诉求

自 1978 年以降，以中共的十一届三中全会为分水岭，中国大陆的社会主义经济和社会发展经历了一个从社会主义计划经济向有中国特色的社会主义市场经济转轨的巨大变迁。这种后发的现代化发展过程弥散到整个社会之中。从地域来说，北至黑龙江，南至海南，西至新疆，东至上海，无一处无商品生产和商品交换的踪迹。从文化来说，因为经济制度的变更，由此引发出社会经济结构、社会政治结构、价值观念以及生活方式等方面发生了质的或显著的变化，这种变化在二十世纪最后二十多年内就覆盖到社会生活的方方面面，其速度以及影响的深度和广度以前所未有的形式从二十世纪一直延续至二十一世纪。在精神—心理层面上，这种纷繁复杂的巨变给人们带来的既有积极向上的朝气和活力，也有旧有和固有的一切被打碎后导致的破碎、无根和幻灭感。

中国大陆社会在二十世纪晚期最后廿年内爆发出的炫目的成就与令人瞠目的问题同时并存。或者说，这种辉煌和黑暗如孪生姊妹一样来到这块曾经有着数千年的灿烂和苦难的土地上。尽管在短短的二十多年里，各种社会力量发挥着或轻或重、彼此交互影响的作用，它们共同塑造着这个急于进入现代社会行列的国家，以至于有时候难以在错综复杂的要素之间找到一条贯串社会变迁的主线。但是历史自身展现出它阶段性的逻辑过程。简要来说，这一巨变过程大致可以分为三个时期，即 1978－1989 年的探索时期，1989－1992 年的沉寂时期，以及 1992－现今的全面改革时期。如果说这三个时期的起点是中共以自我纠偏的勇气召开的十一届三中全会一开时代风气的话，那么，前两个时期之间的分界线就是 1989 年的"天安门事件"，此后三年大陆经历了一场向"左"转的社会主义教育运动，而后两个时期的分界线就是1992 年邓小平的南巡讲话，其精神实质就是破除姓"社"姓"资"的冷战思维方式，以"步子迈得更大一点"的急迫感和反"左"防"右"的中庸之道全面推进社会经济的发展以及社会生活水平的提高，为中共执政提供经济合法性上的支持。

在二十多年内，在整个社会之中，经济、政治和生活方式的变革以新启蒙运动为先导，后者同时也受到前三者的制约。不断地被主流意识形态批判为"资产阶级自由化"的新一波启蒙运动秉承"五四"运动的理念，积极引入西方的人文和社会思想，试图跨越观念上的"卡夫丁峡谷"，将中国社会直接从传统的农业社会（黄色文明）变为西方（以西欧和美国为模型）的现代乃至后现代社会（蓝色文明）。如果说中国近三十年的经济跨越实践（1949－1978 年）经证明是自我破坏、自我毁灭的话，囫囵吞枣式地照搬西方（前苏联）的经济、政治和生活方式也先天地存在着如下缺陷：缺乏现实的土壤，没有予以接受和消化的群体或共同体。这种横向引入，一方面，如走马灯一样稍纵即逝，另一方面，在观念上曲折地反映出社会变迁的同时，也如浮萍一样无根并最终退入学者们自我陶醉的斗室之中。但是，以反思"文革"（1966－1976 年）为起点的新一轮启蒙运动以倡导个体自由反对偶像崇拜为旗帜，在观念以及实践上成为市场经济的先导，在一定程度上为自由市场经济扫平了观念上的道路。但是，中国市场经济既由现存的政治利益集团发起，也必然为既得利益集团服务，八九风波实际上是突破中国式官商型市场经济的尝试，试图从政治变革入手为自由市场经济的发展提供现代民主型架构。八九诉求的失败产生的后果之一是悬置或推延现代民主政治诉求，所以，后八九的路线之争在根本上是一致的，邓小平反"左"与"左"的做法之间并无实质性的差别，即以"左"／非"左"的方式发展经济维护现存的社会政治结构。现在回顾八九，其价值在于它提醒现存权力结构错失了尽可能消除以一党执政形式出现的新型等级制以及由此衍生出的权力腐败。这种隐患现在已经显出端倪：每年大量的外逃资金不过是这种权力结构的必然结果。除了政治结构保持不变之外，中国的市场经济在八九之后，特别是在南巡讲话之后，经历了一场颇具特色的巨大推进，即搁置政治民主化诉求，全面发展社会经济。这种推进深入到社会的各个层面（其中包括政治领域，如与社会主义市场经济相适应的公务员制度改革等），民众的教育水平得到进一步提高（如高校扩招与收费），甚至连社会最底层也可能接受教育，获得基本的教育技能（如强力推行九年制义务教育）。教育水平的提高反过来又推动社会提高生产率和政策的透明度。

　　中国的经济进步往往以剥削为代价，"第一桶金"都带有"原罪"，但是，也改善了社会生活状况。人们出卖劳动力，在被释放的个人创造力遭到非正义的剥削的同时，将劳动力作为商品交换也带来了物质生活的改善。经济领域的发展，以及主流意识形态有意识地搁置政治变革，在现实生活中产生出一种吊诡现象：大众没有政治理想主义，人们有意识或无意识地游离于政府控制之外，关注个人的日常和世俗的生活。**这种个人主义和市场经济联姻造成了当代中国社会的伪后现代时代状况：消解一切宏大叙事，以个人主义为圭臬，以世俗、消费和享乐为人生三大主旋律。**现代技术的进步在推动生产力获得巨大发展的同时，将大量的社会劳动力从农村、山区、贫困地区推向工厂和城市。在家庭结构上，小型的家庭关系取代了三代同堂的大家族结构，以地缘和血缘为纽带的传统人际交往关系开始边缘化，逐步让位于由职业、社区、个人爱好、网络等媒介形成的社会关系（圈或网）。另外，自新时期以降，中国内外较为和平的环境为中国社会的发展提供了良好的机遇。

简言之，中国大陆虽然在诸多领域尚有待脱离"跟着感觉走"、"摸着石头过河"的经验主义路径，但是，中国经济的追求目标以及现实经济结构的确在总体上已经带有强烈的市场化色彩。无论各种社会发展动力和力量推动或阻碍市场化，中国特色的社会主义市场经济已经带来了新型的政府与民间关系、新型的人际和国际关系、新型的经济运作规则以及新型的价值观念。

## 第二节　市场经济与观念的物化

当前市场经济在观念领域的影响最明显地表现为一切市场化或物化。如果一定社会的物质资料生产方式决定了该社会的政治和观念的上层建筑的话，那么，当前中国社会观念的本质性特征和要素都明显地反映了当下的物质现实：人们在试图通过市场谋求个人幸福的同时，主动或被动地将自身的观念物化；人们追求财富，以至于物化为财富本身。

在1949－1978年近三十年内，中国大陆社会的主流价值观以政府提倡的共产主义为基点。共产主义包括两个环节：共产主义实践和理论。共产主义理论以社会进步论为基础，推崇与宗教相类似的终极理想和终极价值体系，既是社会制度和作为社会之"螺丝钉"的个人发展的最高目标，也是社会和作为社会之一部分的个人道德的最高要求。因为作为理论的共产主义理想和价值观被认为是普世和最高的人类理想，与此相对应，共产主义以及作为共产主义初级阶段的社会主义实践旨在提倡通过无产阶级先锋队即共产党的领导推进无产阶级共同体的福利，其中的核心思想主要有集体主义、贡献高于索取、少数服从多数等。而追求个人价值、提升个体利益、强调自我奋斗的思想和行为则被贬为"资产阶级的利己主义"。支撑集体主义理念的经济基础就是计划经济，由国家统一管理和控制社会经济甚至个人生活行为。在中国共产主义实践之中，与这种经济模式相一致的社会行为具有高度的同质性——唱同样的歌、穿同样的衣服，直至说同样的话语，读同样的书，一切异质性的要素均被贴上"阶级敌人"的标签而被扫入垃圾箱。而市场经济的前提之一就是肯定个体追求物质财富的合理性，承认每一个体都有追求最大利益的权利。竖立在这种经济基础之上的价值观念就是穆勒（John Stuart Mill，1806－1873 年）所谓的功利主义：即"接受效用或最大快乐原则为道德基础，认为当行动倾向于推动快乐，它们相应就是正确的，当它们倾向于产生不快乐，它们就是错误的一种理论。所谓快乐就是预期的愉悦和缺乏痛苦，所谓的不快乐就是痛苦和缺乏愉悦。"[1]这种以个体利益为导向的市场经济向中国原有的共产主义价值观提出了直接和深刻的挑战。新时期以来，中国大陆社会呈现出如下几幅图景：

其一，主流意识形态否定"阶级斗争为纲"，转向以"经济建设"或"发展生产力"为中心的务实政策，文革时期发展至顶峰的"泛政治化"倾向减弱，后八九时期主流意识形态有意识地淡化政治诉求，进一步将政治关怀推向社会经济发展计划的背景之中。如果说当代中国最大的政治就是无政治，

---

[1] 史蒂夫·维尔肯斯（Steve Wilkens）、阿兰·G.帕杰特（Alan G. Padgett）着：《基督教与西方思想：哲学家、思想和运动史》（*Christianity and Western Thought: A History of Philosophers, Ideas and Movements*）第 2 卷《十九世纪的信仰和理性》（*Faith and Reason in the 19th Century*）（Dowers Grove，IL：InterVarsity Press，2000 年），第 204 页。值得注意的是，我们要区分在大陆主流意识形态话语中所批判的功利主义的含义与穆勒并不相同。这种功利主义即只为自己不顾他人利益的极端个人主义或利己主义。穆勒坚持感觉论，认为我们决定一个行为是正确还是错误，并非取决于必须以权威或形而上学为基础的准则或美德，而是取决于它是否产生愉悦或痛苦。但是，对于这里指出的"快乐"，穆勒也有非常值得注意的界定。首先，它不局限于一种当下或肉体快乐，而是一种包括人类生存中所有层面的存在状态。其次，他将功利主义与利己主义区别开。因为我们在本性上是社会存在，我们不能脱离人类整体快乐来谈论快乐。我们的社会性是我们的道德同情心的基础。当我们认识到个体快乐从属于整体利益的时候，我们才成为道德存在者。第三，穆勒深信，个人快乐并不与大多数人的最大快乐相对立，而是依赖于它。我们为共同利益作出的任何牺牲在很大程度上间接地有利于我们自己。参阅上书第 204－205 页。由此来看，大陆反对功利主义实际上是一场"风车之战"。

或者说，是以经济建设为中心的政治，那么，其中的一个环节就是将政治经济化。推行市场经济，一方面，释放出人们的创造力，为社会发展和财富积累提供了有力的杠杆，将共产主义宏大叙事推到一边，促使人们将眼光从虚幻的未来转向现实的利益，另一方面，推行经济改革的发起人、教练和运动员首先是现存政治权力拥有者。后一方面导致的最大的有形后果就是政治金钱化——权钱结合。与政治至上转变为经济至上相一致，在无外在力量如法律、新闻和社会舆论监督和制约的情况下，权力和经济直接结合产生出全面性、糜烂性的社会腐败。既出于社会结构自身的缺陷，又出于腐败自身的广度，腐败成为中国社会发展的巨大的经济、政治和文化难题。**腐败成为一种社会（全民参与的）恶俗。腐败彻底瓦解了共产主义理论和实践的真实性，在剥离了共产主义之崇高、伟大的光环之同时，一切绝对真理被现实抛向了边缘。**

其二、体量庞大的物质财富的符号象征即货币在标志着生产力水平获得极大提高的同时，成为衡量成功与人生价值的有形和外在的尺度，有时甚至是惟一的尺度。经济地位成为社会地位与身份的量度。在新时期前，贫穷以及贫穷出身与一个人的社会地位成正比例关系，即所谓的"越穷越光荣"，而新时期以颠倒的方式重复了沉重的历史悲剧，即富裕与一个人的社会地位成正比例关系，即所谓的"笑贫不笑娼"。人们在提高物质生活水平的同时，**物质财富本身异化为限制人自身发展的力量，人类创造的财富及其表现形式成为人自身的主宰。**

其三、人际关系以个体之间的血缘和地缘感情联络为主转向基于利益的合作或竞争为主。现代经济要求人口从农村大规模迁移至城市，满足日益提高的工厂机器生产的需要。原来以血缘和地缘为主要纽带的人际交往模式逐步为由职业、趣味和爱好形成的交往方式所主导。衡量感情疏远的尺度不再是天然的血缘关系（如父母子女）和地缘关系（乡里乡亲），尽管这些关系还在社会中发挥着一定的作用，但是，人际交往的中介已经由工作（同事）、学习（同学）和日常交流（网友、棋友等）所决定。维系人际关系的道德更多地表现为协调各种社会关系的实用型价值观，而非终极性的是非理念。例如，人们之间实行 AA 制，而非为朋友两肋插刀；出现丁克家庭即自愿无子女家庭，家庭和婚姻的职能并非一定包括传宗接代；流行未婚同居，而非婚前保持贞洁，甚至出现了"离同居"（离婚后继续同居生活）现象；出现"第三者"（情人、二奶、小蜜）现象，而非"从一而终，白头偕老"等。人们在选择个人生活方式上出现多元化和多样化，这既给现代社会带来了活力，瓦解了原先的板块式、大一同的生活方式，也带来诸多问题。这些问题归结为一点就是传统与现代价值观之间的冲突。

其四、消费主义甚嚣尘上。人们相信只有消费才能满足人的某些"需要"。消费主义成为自我界定的过程，民众要通过消费来确定他们已有的社会身份，决定他们将会成为什么样的人。[2]我们成为我们所购买的商品——被我们消费的商品标记和符号交易所决定。因此，"我消费，故我在"。消费主义仅仅将眼光锚定在只重视竞争的市场、利润和贪婪这三者之上，而正是它们摧毁了牺牲精神、奉献意识、价值观念和终极真理。而消费行为的形成离不开已经占有的以货币为表现形式的社会财富，因此，在这种意义上，我们可以说："我有钱，故我在"。

概言之，当代中国社会的主旋律就是彻底的物质主义。**这种物质主义清除一切绝对，并最终将自己塑造成为绝对；它打倒一切终极真理，并最终将自己树立为真理；它嘲弄一切终极价值，而自己免于这种嘲弄**。跨世纪中国留给我们的是一个伪后现代图景：在现代和传统并存的社会之中经历西方后现代社会现实和思维中的种种问题。[3]

## 第三节 市场经济下的中国基督徒学人的处境：两边作战

由于历史和现实等原因，自新时期以降，就中国教会与世俗政治的关系及其生存方式来说，我们大致可将之分为"官方教会"和"家庭教会"两种形式。[4]暂时撇开这种分歧不谈，中国教会在最近二十多年经历了一场巨大的复兴运动，不仅已经分布全国以及社会各个阶层，而且人数持续急剧增加。文革结束后，基督徒人数为70—80万。根据中华人民共和国国务院新闻办公

---

2 鲍德里亚：《符号政治经济学批判》（*For a Critique of the Political Economy of the Sign*）（St. Louis：Telos Press，1972 / 1981 年），第 38 页。

3 关于后现代主义的分析参阅迈克尔·耶瑟普（Michael Jessup）：《后现代消费主义的意义、危害及基督教的回应》，刘平译，《维真学刊》（加拿大），第十一卷 2003 年第一期，总第二十八期。

4 参阅拙文：《家庭教会及其世俗的政治秘密》，载于维真网站 http://www.regentcsp.org/list_bbs.asp?id=259。

室 1997 年 10 月颁布的《中国的宗教信仰自由状况》，中国有天主教徒 400 万，基督教新教教徒 1，000 万。但是，有学者研究认为，中国基督徒人数约在 2，000－3，500 万之间，最高有可能在 4，000－6，000 万。与上述社会蓬勃发展过程中成就与问题共存的态势相一致，中国教会也感受到并体现了时代的变迁。一方面，中国三自教会建立神学院、协会及其他各种机构，由此开始在后文革的废墟上拓展基督事工。另一方面，基督教内部进一步分裂，在新教和天主教[5]中均尤为明显，"地上"／"地下"的分野就是一个典型的案例。这种不统一现象反映出，在市场经济条件下，随着政治色彩的淡化，个人具有一定的判断力，能够脱离传统意义上的权威和权力中心的制约，民众在很大程度上感受到可以接受基督教。这多少算是二十一二十一世纪之交中国社会的一个独特的文化和社会现象。以前的数十年都由主流意识形态批判甚至消灭基督教，但现今人们意识到要在法律框架之下要求教会（宗教）与社会主义相适应。在二十世纪晚期，无论中国人是以个体的方式，还是以团体的方式，都感受到自信心和自主权日益增长，即使公开宣称自己是基督徒一般也不会有牢狱之灾或遭公开歧视。

　　现在，我们将中国基督徒学人放在市场经济之下来看，我们发现市场经济环境下的中国基督徒学人也面临着双重挑战：如何在市场经济条件下理顺政教关系？如何应对正在蔓延的"泛物质化"？本章将前一个挑战搁置不谈，就后一个与主题相关的问题来说，中国基督徒学人面对诸多的问题：如何看待物质世界与神的创造？如何从基督教信仰评价市场经济和由之而来的消费主义、享乐主义？如何理解信徒此世的奋斗与属天的身份？如何理解市场经济条件下基督徒所应当持守的道德？如何界定信徒在经济社会中的参与？如何定义基督徒的属世成功？……如果说中国主流意识形态已经建构出一套"有中国特色的社会主义"理论来作为市场经济时代的政策理论指导的话，中国基督徒学人暂时还没有一种（更不用说多种）神学思想来反映市场经济下中国教会的事工。三自教会的丁光训（1915－2013 年）主教倡导神学思想建设，但是这个口号若要转化为现实尚需时日[6]。而家庭教会至今尚没有

---

5　2007 年 6 月 30 日罗马梵蒂冈发布《教宗本笃十六世致中华人民共和国内天主教
　　主教、司铎、度奉献生活者、教友牧函》，将中国大陆天主教徒之分裂问题凸出出
　　来了。2006 年 5 月 11 日美国总统布什见中国大陆家庭教会代表余杰等人，将
　　中国大陆新教之地下／地上问题直接提出来。
6　罗明嘉、黄保罗主编：《基督教与中国文化：关于中国处境神学的中国——北欧会

明确的合法身份，也就既无缘也未及于神学建设了。由香港汉语基督教研究所推动的"汉语神学"运动在大陆学术界更是处于起步阶段，前后只有一个本命年，对中国教会和现实社会没有产生出直接和明显的影响。[7]简言之，中国基督徒学人正在两个战场作战：一方面应刘市场化及其观念带来的外部冲击，另一方面要建构出反映时代精神之精华的神学思想，来反映、指导、规范中国基督徒，从内部积极抗议世俗观念在教会中的变种即当下流行着的成功神学。

## 第四节　物质主义时代中国教会的成功观：十架神学 vs 荣耀神学

就中国基督徒学人在市场经济面前面对的困境而言，圣经经文已经一语点破玄机："你们是世上的盐。盐若失了味，怎能叫他再咸呢？以后无用，不过丢在外面，被人践踏了"（马太福音 5:13）。这种困境在当今就是，在市场经济中作荣耀基督的基督徒，而非让基督荣耀人的权柄的基督徒，既要持

---

议论文集》，北京：中国社会科学出版社，2004 年 11 月，第 1 版，第 376—390 页。

7　汉语神学，广义上泛指一切汉语表述的神学，而神学在此则专指基督教神学。由此而言，汉语神学乃由数百年前开始，包含一切由古代和现代汉语所写成的有关基督信仰的著作。狭义而言，二十世纪八十年代末以降，中国大陆涌现一群有兴趣以至崇尚基督信仰的学者，他们立足于人文社会学界而专注于基督信仰的研究，发展出有别于教会传统的汉语神学，引来海内外汉语学术界的讨论，其中以何光沪和刘小枫分别提出的刍议最为人关注。在这一场讨论中，"汉语"专指以汉族为主要组成部份的中国大陆、台湾、香港和海外华人社会的现代书写语文。尽管创作者在建构神学时无可避免地为其具体语境所限制，但汉语神学首先并不以地域来界定，乃与其他民族语言神学如英、德、法语神学等相平行。今人对汉语神学之讨论乃发端自由汉语作为载体与其所要表述之基督信仰之关系，而反对本色化则为一大特色。反对本色化在此有其特殊含意，一为要突显语言以非区域社群的语境在建构神学中的角色，以识别于"本土神学"（何光沪）；二为对二十世纪二十年代起一种意图调和中国文化与基督信仰的"本色神学"的反动，以强调基督信仰的特殊性（刘小枫）。衍生出来的问题包括如何处理语言、文化、政经处境等的重迭关系，这些建构神学的资源在神圣启示中的地位，以及汉语神学与外语神学间的承接关系等。此外，由于近代汉语神学倡议者多立足于人文社会学界，故讨论也涉及在现代汉语学术语境表述基督信仰之种种问题，包括在此种语境表述之可行性及困难、神学家是否必需为认信者、人文神学与教会神学的关系、个体信仰之生存经验与认信群体之历史传统的关系等。参阅杨熙南主编：《汉语神学刍议》，香港：汉语基督教传统研究所，2000 年。

有神赐予的圣洁，又要在世上藉着学术研究彰显这种神恩。

中国基督徒学人在市场经济大潮卷席一切的处境之中需要审慎地思考当前上述社会主流意识形态对于信仰的挑战。从基督教信仰来看，物质主义就是一种以人类创造的物质财富作为衡量人生价值或成功与否的尺度。**在当前的中国教会之中存在着两种极端化的成功观：要么是以成功神学之面貌流行的荣耀神学，要么是回避现代社会生存方式的极端避世的基要神学[8]。**

成功神学的基本思路是宣扬因为信仰能够获得神的恩典，人生在世必然由此获得成功，反之，若不能够获得世上的成功，证明神没有赐予恩典，并进一步证明信仰自身并不完备。这种神学在本质上就是马丁·路德曾经批评的荣耀神学。它以人类自身为中心，以在世界上的成功（不论是行善，还是取得今世的成就）为属灵上的最高追求，以人类权力为最高尺度。这种神学在教会中表现为：运用神或让神来帮助基督徒获得健康、快乐、财富、亨通和权力，教导信徒只要信仰耶稣就可以解决人生的一切难题，为此神成为我们的心理医生、家庭教育的顾问、理财专家等。这种神学被布道坛上的牧师和平信徒的见证进一步强化，耶稣被描绘为灵丹妙药、化解难题的"全能"大师。例如温州基督徒的"椅子坟"（参见图片一）将现世成功延伸到来世，他们以豪华的现世荣耀真诚地表征信仰的真实，但是具有吊诡意味的是，真实的信仰并不在于世俗的荣耀之中。

图片一：温州的基督徒椅子坟。一般而言，一座像这种规模的椅子坟需要人民币 20 万元以上，建立在山腰之处，背山向南。

---

8 在严格意义上，尚不可以称为"神学"，这里为叙述之方便暂时借用之。

图片二：福建的非基督徒椅子坟。与上图比较，除了在装饰与文字
上有区别之外，在造型、费用、占用地皮上并没有实质性的差别。

　　成功神学以人类的需要来裁剪圣经教导。圣经中的诸多具体教诲涉及到社会、家庭和事业，一直在塑造着基督徒的家庭和社会生活，但是圣经并未教导圣经是获得一切成功的指南。如果事实如此，那么我们就无法解释圣经中最黑暗的篇章传道书对于人生的洞见：此岸的一切都是虚空，敬畏耶和华是智慧的开端。而约伯记对于神的抗议和苦难的独特见解也就成为失败者的无能辩护。成功神学揭示出人类本性之中追求成功的一面。但是，耶稣基督带给我们的只有十字架。耶稣的出生卑微，宣教的对象是贫苦的民众，自己在十字架上被处死。耶稣33年的故事讲述的是道成肉身的十架神学：基督的生命与受苦、被打败、软弱、跌倒和失败，而非与我们人性喜好的成功或荣耀息息相关。成功神学拒绝苦难、生命中的偶然性和不确定，让神按造人的意志、理性和观念为人获得世上的财富、权力和名声而服务，在让神贬低为人的奴仆的同时，人日益害怕、拒绝、避免和嘲弄困难、挫折和失败。**这种以基督的名义追求成功的神学将"神"学变为纯粹的人学——一种人关于神的学说，而非神关心人的人学。**

　　十架神学认识到受造世界（其中包括基督徒自身）在神整个计划当中的地位：既承认其内在价值，又肯定物质世界受到人类堕落的玷污，需要仰赖救恩方能恢复其荣美和地位。它以人类自身的罪恶和绝对的无助为我们属灵的视域。透过十字架我们学习放弃自我解放、自我拯救的功课，在我们人类的全然放下自我追求和自我实现的时候，神的恩典得到完全的显现（林后12：

9）。神的恩典是白白的礼物，人之称义并不在乎人在世界上的成功与否。如果称义取决于人的成功，那么，成功神学因为将神的人学蜕化为人的神学，从而使得人"像神一样"（创世记 3：5），人自身就被塑造成为一尊新神。所以，成功神学的实质是偶像崇拜：一种崇拜成功的神学，人自身的成功成为绝对至上的偶像，甚至神也要屈身为之服务。

十架神学源自于耶稣在十架上的受难，直面人类的一切苦难和试探，将之作为信仰生活的一个组成部分。苦难将我们逼仄到生命中最卑微的困境，在此我们倾听到隐藏的神的声音，我们开口向神祈祷。苦难成为我们属灵财富。而成功神学的危险在于它使教会自身成为中产阶级的俱乐部或安乐窝，他们以神的名义将社会弱势群体排除在会众通信录之外。在教会实践上，基督的身体——教会——被扭曲为人为的文化机构。[9]

但是另外一个方面。避世的基要倾向出于现实的身份压力以及对神圣／世俗的严格二分，因为二分而对世俗生活采取极端的回避态度。[10]

## 第五节　终极价值：神 vs 玛门

就当前的中国教会现状来说，现今中国教会存在着两种极端化的财富观。一方面，在某些富裕地区，教会趋向世俗化，表现为奢华浪费、攀比、传道商业化，宣讲成功神学等。另一方面，有相当一部分信徒，尤其是农村地区的信徒存在着消极遁世的倾向。这种张力反映出神学上的区别，可能与二十世纪二十、三十年代美国自由派和基要派之争[11]影响中国教会有着直接的关系。前者的实质是倡导人本主义，后者倡导神本主义。以上两种倾向的问题在于忽视了护佑论。中国民间信众当中根深蒂固的观念是将得救／非得救分为不可调和的分水岭，二者之间并无神作为的中间地带。在古典神学中颇为重要的"护佑"概念在基要派信仰当中丝毫没有被提到。如今神学回应的任务之一是要建立全备的神学体系，这其中需要包含"护佑"的课题。"护

---

9 成功神学在现实中以个人的工作为重。工作成为人身份的标志。十架神学以天职观（Vocation）对抗工作观。

10 拙著因为篇幅以及对该群体的了解不足，尚待以后的文章来作进一步的研究和分析。

11 参阅布鲁斯·雪莱：《基督教会史》，刘平译，北京：北京大学出版社，2004 年 11月，第 486—497 页。

佑"可以直接与"普遍恩典"（Common Grace）关联起来。即便在加尔文宗强调"预选"的传统里，"护佑"也具有重要地位，尽管传统的加尔文宗有两派主张：一派认为神恩保守世界是为选民的得救搭建舞台（救赎先在论），另一种认为除却救恩为神美意的完美体现之外，选民以外的众人和物质世界有其本身美善的价值，亦是神所喜悦的（创造先在论）。这两种观点虽然在立意与侧重上有所不同，但是都论及"护佑"的地位和神学价值。根据"护佑"的概念，人类历史纵然有血腥丑陋之嫌，但依然在神的善意保守当中，朝着实现历史目标的总方向在行进。在此过程中，每一种社会制度都是历史进程的一个环节。从上述观点看，市场经济本身无善恶可言。由于制度通过人来运作，它本身既体现人性之丑陋，也可体现人性之美善。基督徒虽不认为市场经济是神的国度，但身处其中当显为明光照耀。西方的很多神学家们强调基督徒应当参与市场经济，但应当以完全不同的态度参与市场经济，即承认物质世界的内在价值，而非利用物质为实现私欲的工具；承认他人为拥有神形象的伙伴，而非实现自己利益的器皿；视自己为财富的管家，而非拥有者；视此世生活与事业为事奉与见证的机会，而非自我实现或自我膨胀的舞台。约翰·卫斯理（John Wesley，1703－1791 年）的例子常常为基督徒所称道。卫斯理著名的使用金钱三原则是："我们应该尽我们所能地去赚取，尽我们所能地去积攒，尽我们所能地去给予"（gain all you can, save all you can, give all you can）。[12]其基本立意是鼓励基督徒亲身投入与参与赚钱的过程，为的是通过善用金钱和施舍来体现财富的真正价值和基督徒置身现世但超越现世的人生观，而非相反。

　　在现代西方历史上，新教伦理曾经是推动市场经济走向健康和正常化的积极力量之一。马科斯·韦伯（Max Weber，1864－1920 年）曾在《新教伦理与资本主义》[13]一书谈及这个问题，为我们正确地理解财富观和成功观提供了

---

12 John Wesley: The Use of Money，载于网站 http://www.whatsaiththescripture.com/Voice/The.Use.of.Money.html。在这篇布道中约翰·卫斯理详细阐述了它的使用金钱三原则思想。

13 中译本参见韦伯：《新教伦理与资本主义精神》，于晓、陈维纲等译，上海：三联书店，1987 年；韦伯：《新教伦理与资本主义精神》，彭强、黄晓京译，西安：陕西师范大学出版社，2002 年 2 月；韦伯：《新教伦理与资本主义精神》，龙婧译，北京：群言出版社，2007 年；韦伯：《新教伦理与资本主义精神》，康乐、简惠美译，桂林：广西师范大学出版社，2007 年；韦伯：《新教伦理与资本主义精神》，张冲译，上海：上海外语教育出版社，2004 年；韦伯：《新教伦理与资本主义精

非常好的一种分析模式。他认为，形成资本主义所由之从出的精神的第一步是新教关于"人人皆祭司"的教义。这一教义摧毁了传统的祭司阶级享有的权威，让所有信徒获得平等权。构成教会及其结构之根基的新基础不再是教会中的特权阶层，而是神赐予的人人皆有的理性。但是，路德提出的天职观尚鼓励基督徒满足于政治、社会和经济现状，也满足于现有的生活地位。而加尔文主义的职业观以预定论为基础。预定论认为，神在创造宇宙之前就决定了人是获得拯救还是诅咒。预定论使人的一切事工对获得拯救没有意义，表面上认为每个人的拯救或诅咒早在宇宙创造之先就已由神密封好，这似乎会导致宿命论。但韦伯认为它在加尔文主义中产生出与之相反的效果。因为加尔文主义相信我们不知道耶稣末世救世景况，这就形成了韦伯所谓的"拯救焦虑"。这种不确定感必然地产生出如下处境，即有坚定信仰的加尔文主义者寻找拯救的证据。这种证据就是追求有意义的物质成功。因为信仰并不促成他们的拯救，富有成效的行为就被视为神恩典的记号以及顺服于神的呼召在受造世界中侍奉的确据。"清教徒在生活中的一切事情上寻找神的权柄，如果神向其选民显明了得利的机会，那么，他必需抱着一定的目的去做。因此，有信心的基督徒必定利用这个机遇，由此追随呼召。"[14]因此，加尔文主义认为有目的地运用由神提供的资源是平信徒荣耀神的途径；工作的目的在于实现目标，因此成为一种志业，并被整合入灵性范围。非常有趣的是，清教徒著作在追求神祝福的确凿的标记的时候，也对财富提出警告。但是，韦伯认为，这些警告并不禁止积累财富。"道德上真正反对的是，对财产安全放松警惕，因为懒惰和肉欲而享受财富，而摆在第一位的是，不再追求正义的生活。事实上，仅仅因为财富涉及到这些懈怠一类的危险，所以要彻底地反对财产。"[15]因此，只有当财富导致懒惰和纵情声色，它在道德上才会带来危险。因为获利为神所允许，所以这些利润又必需用于生产。另外，通过理性地追求物质目标能够带来巨大的生产率，所以，新教工作伦理对传统的统治手段提出挑战。一旦它生根，韦伯总结说，"宗教评价认为，在世俗职业中，这种无休止、连续、有系统的工作成为禁欲主义的最高手段，同时，

---

神》，李修建、张云江译，北京：九洲出版社，2007 年。

14 《新教伦理与资本主义精神》（*The Protestant Ethics and the Spirit of Capitalism*），塔尔克特·帕森（Talcott Parsons）翻译（纽约：Charles Scribner's Sons，1958 年），第 162 页。

15 同上，第 157 页。

也是灵魂再生和真信仰最确定和最自明的证据，这必定成为可以想象到的最有力的杠杆，用来扩展我们这里所称的生活态度即资本主义精神。"[16]

但是，上述观点并不赞成纵欲主义和享乐主义。像禁欲主义一样，纵欲主义和享乐主义均是需要避免的。一方面，市场经济导致消费主义和纵欲主义，其实质是把个体的主观感觉绝对化，割断个体与历史、文化及人类共同体的关联，导致人生存状态的物化和异化加剧。另一方面，禁欲主义并非解决纵欲主义的途径。禁欲主义基本上属于一种避世哲学，其前提是人受制于直接的自然环境，感受到物质的稀缺。此种环境下的禁欲无疑是利他，因而美善的。然而在需求拉动消费的大工业文明环境下，这种美德的自然基础被打破了。若人们持守禁欲主义，那么构成市场经济一个环节的消费就中断，整个现代社会结构就会退回到自然经济条件。这种做法既是不现实，也是不可取的。耶稣和一位犹太富翁的故事将基督教的财富观和信仰的关系全面地启示出来。

> 耶稣出来行路的时候，有一个人跑来，跪在他面前，问耶稣说："良善的夫子，我当作什么事，才可以承受永生？"耶稣对他说："你为什么称我是良善的？除了神一位之外，再没有良善的。诫命你是晓得的，不可杀人，不可奸淫，不可偷盗，不可作假见证，不可亏负人，当孝敬父母。"他对耶稣说："夫子，这一切我从小都遵守了。"耶稣看着他，就爱他，对他说："你还缺少一件，去变卖你所有的，分给穷人，就必有财宝在天上，你还要来跟从我。"他听见这话，脸上就变了色，忧忧愁愁地走了，因为他的产业很多。耶稣周围一看，对门徒说："有钱财的人进神的国是何等地难哪！"门徒希奇他的话。耶稣又对他们说："小子，倚靠钱财的人进神的国，是何等的难哪！骆驼穿过针的眼，比财主进神的国还容易呢。"门徒就分外希奇，对他说："这样谁能得救呢？"耶稣看着他们，说："在人是不能，在神却不然，因为神凡事都能。"彼得就对他说："看哪，我们已经撒下所有的跟从你了。"耶稣说："我实在

---

16 同上，第172页。本节总结参阅史蒂夫·维尔肯斯（Steve Wilkens）、阿兰·G.帕杰特（Alan G. Padgett）着：《基督教与西方思想：哲学家、思想和运动史》(*Christianity and Western Thought: A History of Philosophers, Ideas and Movements*) 第2卷《十九世纪的信仰和理性》(*Faith and Reason in the 19th Century*)（Dowers Grove，IL：InterVarsity Press，2000 年）。第335—336 页。

告诉你们：人为我和福音撇下房屋，或是弟兄、姐妹、父母、儿女、田地，没有不在今世得百倍的；就是房屋、弟兄、姐妹、母亲、儿女、田地，并且要受逼迫，在来世必得永生。……"（马可福音 10：17－30）

这位犹太富翁非常虔诚地"跪"向耶稣请求获得永生的道路。从世俗的观点来看，他自小严格遵守犹太律法，由此是一个良民，也是一个合乎道德的人，几乎是一个尽善尽美的人了。但是，他在终极价值观上有问题。他并不将信仰神放在首位，一旦耶稣要他（1）变卖财产、（2）分给穷人、（3）追随基督，他就不得不在终极价值（神／玛门[17]）上作非此即彼的选择，最终他抛弃神的呼召而没有获得永生。耶稣在此是否仅仅认为只要抛弃世上的财产就可以进入天国呢？耶稣对门徒们的教导表明，基督徒的财富观和成功观以追随耶稣信仰福音为最高坐标。以这种坐标规范人生的航程，才能获得永生。耶稣并不倡导禁欲主义，反而道出了追随基督的苦与乐：（1）"百倍的房屋、弟兄、姐妹、母亲、儿女、田地"，这里并非必然指数量上的增加，而是指人与人关系以及人与财产的关系得到福音更新后的景况，如夫妻和睦、尊老爱幼等；（2）"受逼迫"；（3）"在来世必得永生"。由此来看，**福音并非要否定财产和在世上获得成功，而是要以神的义为义来获得和持有属世的东西，透过这些属世的关系来荣耀神的恩典。**而且基督徒信仰基督既会受到世人的逼迫（冷嘲热讽、肉体迫害等），也更加有永生的赏赐。神给予人的最高赏赐就是人因为神的恩典借着人的信仰而获得灵魂拯救，与此相比较，尘世的一切虽然重要，但不是通向天国的桥梁。简言之，**基督徒在世要将属灵追求摆在属世追求之上。**另外，耶稣与这位犹太富翁的立场不同的一点还明显地表现在，耶稣站在穷人的立场，心中挂念社会中的弱势群体；而富翁虽以守律法为至上的价值原则，但是耶稣一语点破其阿基利斯的脚后跟：他并没有严格地恪守律法，即关心穷人[18]。在现代社会中，一个人虽然在世上不能够不遵守法律，姑且不论是否能够真正做到守法，但是守法本身并非人生目的本身。守法之上要有道德关怀，即关心他人，特别是关心社会中受到剥削、

---

17 马太福音 6:24："一个人不能事奉两个主；不是恶这个爱那个，就是重这个轻那个。你们不能又事奉神，又事奉玛门〔财利〕。"路加福音 16:13："一个仆人不能事奉两个主；不是恶这个爱那个，就是重这个轻那个。你们不能又事奉神，又事奉玛门。"

18 关于犹太律法中关心穷人的经文可以参阅申命记 15：7－8；24：19－22 等。

压迫的群体。托马斯·默顿的一番话表明了法和情的关系：

> 对于你来说，你会制定一套新的正义的法典；对于我来说，我会将我身上的衣服送给乞丐。先知和圣人们说，只有当你将你的衣服送给穷人，和那些忍饥挨饿的人分享你的食物，你才会真正理解什么是正义的法律，你的法典才不会成为重轭。[19]

简言之，**基督徒在世上还要将他人的福乐作为自己的属灵追求。**只有既做到将属灵追求高于属世追求，即所谓的"君子爱财，取之有道"，又能够将他人福乐作为自己的属灵追求，即所谓的"老吾老以及人之老，幼吾幼以及人之幼"，一个基督徒才会有正确的财富观和成功观，才能够符合"追随基督"的条件。**这个成功观之背后就是一条十架道路："以利腴道"，即将生命指向超越；"以道求利"，即将生命惠及当下。**如果我们将这种关系颠倒，将属世追求摆在属灵追求之上，那么，颠倒的关系带来的是颠倒的价值观：尊奉世俗利益而非圣洁的神，由此也不会将他人的苦难、贫困视为自身灵性追求的一个并不可少的部分。在一定意义上，基督徒将物质作为终极价值，也就是将自身生命物化，**以物化的关系，或马丁·布伯（Martin Buber，1878－1965 年）意义上的"我－它"关系，在世上生活，就失去了盐味，失去了将灵性生命现实化的外在行为，既错失了与神的相遇，也错失了与（穷）人的相遇。**

## 结语　如何虔敬？

当今当中国全面市场化之际，我们探讨的基督徒美善的支点在乎恰当地理解神、物质、他人与我的关系，以及基督徒的责任感和道德归属感。在消费主义与纵欲主义蔓延的当代，个人虔诚是走回本真自我的可循之路。事实上，中国教会和中国基督徒学人并不缺乏个人虔诚的实践。这里的关键在于，在未来的发展之中，如何使虔诚的信仰成为影响社会风气的一支积极力量，以及如何在二十一世纪市场社会的环境下保持深度的敬虔，同时又不至于思想蔽塞？这是中国基督徒学人，更是汉语神学正在面临的一个重大挑战。

---

19 Megan Mckenna: *Prophets: Words of Firs* (New York: Orbis Books, 2000), P.68。原文出自 Thomas Merton: *Run to the Mountain: The Journals of Thomas Merton*, ed. Patrick Hart (San Francisco: Harper, 1996).

# 第七章 "同归一牧，同入一栈"——金鲁贤论二十一世纪上海天主教身份危机与出路

与上述六章不同，本章与下一章将探讨当代中国天主教与新教的家庭教会问题。毫无疑问，这两个群体由于历史与现实的原因而一直成为学术界研究的一个重要领域。由于各种客观的原因，至今我们无法就两者的整体情况从"基督教与中国社会的现代性"的角度作出评析，所以拙著试图以微见著，分别以金鲁贤（1916年－2013年，以下简称金）和个别的家庭教会为研究对象，从而来管窥当代中国的天主教和家庭教会和现代性之间的关系。

金以跨世纪的经历，特别以1949年后跌宕起伏的中国社会变迁的亲身经历，并以上海教区的教牧实践和经验，为我们回顾上海乃至中国大陆天主教徒的身份问题，提供了弥足珍贵的第一手资源以及相关的神学资源。本章试图以2007年出版的《金鲁贤文集》为主要的资料来源，直面当代大都市上海天主教徒的身份危机，并对这位年近百岁离世的老人所提供的解决路径做简要的评析。

## 第一节 问题的提出：中国天主教徒＝中国的天主教徒？

上海是中国现代化的代表，反映中国未来的走向，成为"中国未来的象

征"[1]。自 1978 年，特别自 1992 年邓小平南巡讲话以来，上海现代化的发展进入快车道。金对此处境总结性地指出，如果说中国至此发生巨变，那么，在"多变的世界"中，上海变得更快，过去郊区是农村，教友大多是农民、渔民，生活简单朴素，信德坚固，尊重神职人员，相信神父、修女。现在农村城市化，渔民几乎全部上岸了，儿童青少年教友受的是无神论教育，所接触的很多是资本主义的东西，甚至是资本主义的糟粕。他们所学到的是一些"似是而非"的东西……[2]

金的观察至少从以下三个层面揭示出中国现代化方案对上海天主教徒发出的挑战：

其一，现代化的环节之一城市化改变了上海部分原居民原有的生活方式。农民和渔民的生活方式基本上由外在的自然环境所决定，而城市化则将人从自然的束缚中解脱出来，人越来越独立于土地、节期、气候以及依附于它们的生活方式和观念，人为的环境成为人的自然组成部分，"简单朴素"的生活让位于复杂、快节奏、以计算为本位的管理体制和制度设计，以此谋求城市丛林中的生存之所需。

其二，上海的现代化经验在制度层面上体现为"资本主义"，其实质是一切以经济建设为中心，将一切商品化，资本成为一切价值的最高尺度。与其他城市相比，上海对经济的关注更为直接和明显，对政治的关怀逊色于对经济追求的热忱。其经济制度的现代化程度在大陆地区也首屈一指。

其三，上海的现代化在思想观念上，或者说，在一切形式的生活方式和制度变迁之背后，矗立的大厦是"**无神论**"，即世界是平的，不存在任何超越和超验，人类自身是自己的救世主，日常生活、政治、经济和文化本身既是人类自身的创造物，也是新的造物主"人"的权力和荣耀的证明。中国的"无神论"以"实践"／"实用"为标准，所以不是佛教、儒家意义上的无神论，而是一种"实践无神论"。它以"似是而非"或"**貌似合理**"的思想和观念诱惑人追求自己的利益：股票、明星、流行歌曲、金钱，等等。城市在制造这些世俗之物的同时，也将自身打造为**彻头彻尾的钢筋水泥型的"利未坦"**。

---

1 金鲁贤：《透过上海展望未来（代序）》，2004 年 12 月，载于《金鲁贤文集》，上海：上海辞书出版社，2007 年第 1 版，第 2 页。

2 金鲁贤：《以扎实的神修基础立足于多变的世界》，写于 2002 年 9 月，同上，第 360 页。

城市化或狭义上的现代化给上海带来的一个最明显的后果是我们难以"闻到一股不受现在的世界所'赞赏'的、归于神的清香"[3]。

上海的现代化发展不仅给普通的上海公民带来双重冲击——既有物质上的丰富、制度上的发达、生活上的便利，也有人之自身的危机四伏：失业、道德沦丧、心理失衡、人际关系冷漠等，也同时给上海教区带来挑战。具体而言，上海教区教友的构成和神职人员的人数均出现问题。就前者而言，上海教区的教友构成的特点之一是"老年人较多，还有不少还带来他们所教育的孙子孙女，而四五十岁左右的教友为数不多。"[4]就今日上海教区神职人员的构成，金采用"大葫芦"比喻形象地描绘了当前的信众人员构成上潜藏的危机：

> 由于历史缘由，其形状很像一个大葫芦，下面很大，中间收缩，上部又较大，而最上则是尖尖的口子，下面是老年人，中间收缩部分代表壮年人，尖口为儿童。[5]

而教友和神职人员也明显受到世俗生活及其价值观的影响。金直言不讳自己所牧养的上海教区在这个方面存在着各种问题：追求世俗文化的享受，不注重神修生活，甚至神职人员也迷恋电脑和游戏[6]；教友在教堂内外出现两张面孔，教堂内是圣女、圣人，教堂外，则挑拨离间[7]；教会内部"不够团结，或不如说，很不团结，离基督的教导相差甚远，"[8]等等。

上述现代化发展在给上海天主教徒带来众多机遇与挑战之外，作为**中国天主教徒**（Chinese Catholics）之一部分的上海天主教徒面临着无处不在的现代化浪潮，所肩负的一个艰巨任务是恪守信望爱三德，同时做一名中国天主教徒或在圣统制上与罗马教廷无**直接隶属**关系的中国天主教徒。但是，在中国大陆语境中，中国天主教徒与**中国的罗马天主教徒**（Roman Catholics in Mainland China）的身份之间存在着巨大的张力，或者说，两者并不能完全划

3 金鲁贤·《"天主受享荣富于天，良人受享太和于世"》，写于1990年圣诞节，同上，第372页。

4 金鲁贤：《建设我教会，迎接新纪元》，写于1997年12月25日，同上，第32页。

5 同上，第359页。

6 金鲁贤：《圣神常在，教会永存》，写于1998年9月，同上，第376页。

7 金鲁贤：《"天主受享荣富于天，良人受享太和于世"》，写于1990年圣诞节，同上，第372页。

8 金鲁贤：《服务听命、团结合一：在祝圣圣油弥撒中的讲道辞》，写于2000年，同上，第366页。

上等号。自中国天主教爱国会成立（1957 年）以降，中国天主教徒采取独立办教的路线，与罗马教廷不存在任何直接的关系，其身份问题出现分野：一部分被称为中国天主教徒，成为"非罗马天主教"[9]的一个部分。

"中国的天主教徒？"历来可以转化为如下两个子问题：

> I. 做中国人，还是做天主教徒？反之亦然。

> II. 做中国天主教徒，还是做中国的罗马天主教徒？反之亦然。

从历史来看，在 1949 年前，问题 I 成为关注的焦点。而 1949 年后，问题 II 至今悬而未决。就上述两个子问题，按照中国目前的政策和法律，中国天主教已经成为被中国政府承认的五大合法宗教之一，所以从法律上说，中国天主教徒没有政治上的敏感问题，问题 II 的实质归于一个敏感的现代政治－法律问题：在中国尚未与梵蒂冈建立外交关系的前提下，中国天主教徒是否可以成为罗马天主教徒？在中国取得合法身份的天主教在法律上是否包括甚至等同于罗马天主教？

金是上述六十多年张力的亲身经历者和证人。2004 年的一篇采访是《金鲁贤文集》中最新文章之一，也为文集的代序。由此可见其在文集中的分量。在此他坦诚地提出自己的观点，用词极为精确：

> 公教会只能是一个。也许可以这么说：在至一的教会内部有两个派系，一个承认梵蒂冈的权威而与中国政府有所对立；而另一个既承认梵蒂冈的权威又承认中国政府的权力。[10]

简言之，在二十一世纪之初，摆在上海教区面前的凸出问题可以概括为两个：如何强化上海天主教徒的**天主教徒身份**？上海天主教徒如何可能在未来获得**罗马天主教徒身份**，或与罗马教廷保持共融？金将上述两个问题归结为上海教区（乃至全国教区）的未来盼望："同归一牧，同入一栈"。——在对抗现代化和世俗化上，惟有藉着合一的、"旅途中的"教会，中国的天主

---

9 非罗马天主教指在罗马天主教发展过程中因拒绝接受罗马教宗管辖的教会逐渐形成的独立的天主教会。其中主要有盎格鲁－罗马天主教（Anglo-Roman Catholic）、天主教使徒派（Catholic Apostolic）、保守派天主教（Conservative Catholic）、自由派天主教（Liberal Catholic）、边缘天主教（Marginal Catholic）、老天主教（Old Catholic）、改革派天主教（Reformed Catholic）等 10 个宗派。信徒人数较少。二十世纪末，十个宗派仅有 300 多万人，最小的宗派只有 1,000 余人，在宗教界影响较小。

10 金鲁贤：《透过上海展望未来（代序）》，2004 年 12 月，同上，第 3 页。其中的着重号为笔者所加。

教徒才能够激浊扬清，做盐做光。

## 第二节　纷繁复杂的变迁与实践无神论

上海已经进入现代社会，甚至现今可以说进入"后现代"社会。上文已经简要地透过金的双眼描绘了上海现代化发展给普通上海人以及上海教区带来的困惑。一方面，当代上海的社会和文化极为明显地受到大量极其成功、强有力的观念激发，这些观念导致我们可以在上海亲身经历到：科学知识大爆炸，令人不可思议的技能和技术日新月异，大型跨国企业和全球市场展现在上海舞台上，各种社会与政治抱负日益膨胀，表面上坚不可摧地相信个体可能达到自我实现。从表面上看，上海教区在社会和经济繁荣之中生存和发展，理当受惠于社会财富的增加、制度的科学化以及生活和价值观上的多元性。

然而，另一方面，我们中的大多数人可能只是模糊地意识到隐藏于这些显著成就表面之下的种种假定。尽管我们对"和谐社会"、"以人为本"、"法治"、"科学发展观"等这些词汇耳熟能详，但我们很容易忽略更为深刻的观念与假设，它们才是上述概念的基础，并在根本层面上激发上海的社会和文化的急剧变迁。但是，我们对上海社会和文化的思想基础已陌生到这样的地步，以至于我们可能也已经对我们自己感到陌生。尽管困难在所难免，如果我们拨开迷乱的现象，揭示出激发上海社会与文化的基本观念与假设，那么我们可以对当代上海教区面临的两大问题有一个更加清醒的认识。

扎根于上海的现代制度、思想传统与习惯之中最具有结果性的观念之一乃属于神学。直言之，它是这样一种假设：即使神存在，他基本上与实际生活事务无关。更巧妙地说，当代上海社会与文化如此凸出强调人类的潜能和人类的主体性以及当下迫切的实际需求，以至于我们大多受到诱惑，只顾处理我们世上的日常事务，而无暇思考神了。实际上，我们受到诱惑，我们在世上生活，好像神并不存在，或至少可以说，好像他的存在实际上是无关紧要的。简言之，当代世俗社会和文化滋生出最为狡猾的诱惑，即**实践无神论**的诱惑；扎根于现代制度生活中的观念和假设使之变得尤为**貌似合理**或**似是而非**。显然，屈服于这样的诱惑，对上海教区以及其他宗教制度来说，都是一个相当可悲的结果。它对真实的人类生存也有着非常广泛的影响。因为当我们遗忘神，我们也就遗忘我们自身。毕竟，正是有了神的概念，"科学"、"和谐"、"正义"、"人"一类的词语才具有本质和意义：这些词语又将本质和意义赋予人类生活。没有神的概念，这些词语便是空洞的，充其量不过是方便的虚构而已。因此，一个完全世俗的上海社会和文化不仅仅是"无神的"，也是非人的和非人道的。然而，实践无神论如此深入地植根于上海社会和文化中的核心制度实体——政治生活、科学与技术、经济以及文化的生产和转化，因此它对上海教区和真实的中国人的生存所带来的整体威胁往往并非直接、显而易见。

事实上，实践无神论在当代上海的处境中已经以令人放松戒备的方式变得如此富有吸引力，以至于事实上上海天主教徒已经把它纳入自身的生活之中，这突出地体现在神职人员的流失以及日常实践中信德和爱德冷漠上。所以，对于二十一世纪的上海教区来说，她现在需要将某些现代——以及现今"后现代"——观念和假设从教会中驱除出去，实际上，也就是把它们从信徒心中驱除出去。[11]

## 第三节 "与时俱进"与掘墓人假设

金自二十世纪八十年代复出担任圣职之后，在处理上述两个问题上，他秉承梵二会议精神，结合上海教区的处境提出一系列的应对策略。具体而言，就强化上海**天主教徒**身份上，金矢志不渝地坚持罗马天主教传统，呼吁教友和神职人员要注重日常的神修、查考圣经、践履大使命，倡导家庭圣化、公教化，加强儿童宗教教育，修士和修女要恪守三愿等。笔者在此对金在这方面对汉语语境中中国天主教神学建构的努力不做重点讨论，仅仅对金所强调的"与时俱进"做一个简要的分析。

梵二会议的主旨是 *aggiornamento*，意大利语，意为"跟上时代"，即罗马天主教徒不仅要适应当代社会的外在生活，而且要在思想上具有完全内在的转变。梵二会议代表罗马天主教历史上一次意义重大的决裂，即与特利腾大公会议的愤怒精神和梵蒂冈第一次大公会议的防御情绪彻底决裂。梵二

---

11 参阅纪克之（Craig M. Gay）：《现代世界之道：或为什么我们正受诱惑地生活着，好像神并不存在》（*The Way of the (Morden World, Or, Why It's Tempting to Live As If God Doesn't Exist)*）（Vancouver: Regent College Publishing, 1998 年），第 2－3 页。

会议使罗马天主教会对于世界的态度从愤怒转向关怀。从历史上说，这种巨大转向在欧美导致神职人员出走危机。其危机的根源明显在于神父的身份问题。成为一名神父到底意味着什么？将神父职位与新约描述的传道人相比较，往日围绕祭司职位的神圣光环已荡然无存。而且，罗马教会中的民主趋势使古老的具有严格等级的祭司制度显得不合时宜。当教会成员亲身参与世俗社会，不再是天生的天主教徒，神父承担罗马教会使命的需要也消失了。[12]

金从多层面、积极的角度理解梵二精神[13]。首先，他从词源学角度剖析 *aggiornamento*，结合中国语境，将之译为"与时俱进"。

其次，金积极呼吁教友和神职人员要走出特利腾大公会议和梵一时代，主动与世界的变化接触，了解当今时代在知识、技术和科学等方面的发展。金引证马尔谷福音 16：15[14]论证信徒要向一切受造物宣讲福音，以此说明随着社会的进步，信徒要传讲福音。

第三，金认为人自身具有局限性，这要求人与时俱进，不断与自身的惰性、局限性做斗争，由此活出信仰。

第四，金根据梵二对教会的界定"旅途中的教会"，由此论证教会在动态变化中要"彼此照顾、扶老携幼、关心贫病；大家同心协力，……另有作为公务员的司祭一路服务。"[15]

第五，金认为当今时代人与人之间的距离越来越远，社会公德缺失严重，这要求信徒应当积极响应社会对公德心的呼求，"身体力行，争做标兵，为社会的新风尚作出贡献"[16]，并爱护环境等。

第六，金特别强调，上海教区注重教牧关怀和神修。在某种意义上，神修和关怀成为金的神学思想的核心：神修旨在建立和维护信众个人与上主的关系，而关怀则履行爱人的诫命。对于神职人员和修士、修女，金反复强调三愿，其良苦用心不言而喻。

---

12 布鲁斯·雪莱（Bruce Leon Shelley）：《基督教会史》（*Church History in Plain Language*），刘平译，北京：北京大学出版社，2004 年第 1 版，第 45 章。

13 金鲁贤：《与时俱进——努力争取进一步领会天主的启示》，写于 2002 年圣诞节，同上，第 76—87 页。

14 本章所引用圣经译本为天主教通用汉语译本"思高本"。

15 金鲁贤：《与时俱进——努力争取进一步领会天主的启示》，写于 2002 年圣诞节，同上，第 81 页。

16 同上，第 85 页。

第六，金将 *aggiornamento* 译为"与时俱进"，与江泽民时代倡导的主流意识形态吻合。这从一个侧面体现出金遵守"宗教与社会主义相适应"[17]的原则，并结合上海教区的实际问题，认为中国天主教徒在"适应"上首先应当以"道德"为先，其次，要成为遵守以法治国的公民，最后应当推进中国特色社会主义建设以及建立和谐社会。

金倡导上海教区"与时俱进"，注重两个区别：了解世界，但要注重神修，否则，圣俗不分；跟进梵二，与旧的传统和习俗相分，否则，流于不合时宜的过去，难以将基督的信息传于时代。

金二十世纪八十年代后重新担任圣职，正处于中国实行改革开放的时期。他一方面积极倡导梵二精神，并落实于上海教区，另一方面，他密切关注中国社会不断变化的社会问题、主流意识形态的调整，试图为上海教区在急剧变革的上海寻求自身的合法身份。

但是，金力求上海教区与社会主义相适应，要求上海天主教徒在"道德文章"、守法以及社会工作和社会服务上为社会主义建设做贡献[18]，体现出梵二以降罗马天主教会强调社会关怀的一面，以及金凸出天主教伦理道德的社会功能。但是，如果我们根据所谓的"掘墓人假设"（gravedigger hypothesis）来回应金的上述适应策略，或许有助于我们反思其中的得失。

"掘墓人假设"的要旨认为，基督教（尤其是新教）对现代文化的兴起作出根本贡献，同时也在根本上创造出它自身的世俗掘墓人。[19]从这个角度来看，现代世俗社会以讽刺的方式实现了某些基督教的理想，例如，为了我们

---

17 关于宗教与社会主义相适应的原则的来龙去脉以及它背后的政教问题，参见邢福增：《当代中国政教关系》，香港：建道神学院，特别参阅第 134—185 页。

18 金鲁贤：《效法圣母，做一个关心别人的人——在南翔露德圣母堂开堂弥撒中的讲道辞》，写于 2001 年 2 月 11 日，第 388 页。

19 参见奥斯·吉尼斯（Os Guinness）：《掘墓人档案：论颠覆现代教会文集》（*The Gravedigger File: Papers on the Subversion of the Modern Churh*）（Downers Grove, IL: InterVarsity Press, 1983 年）。吉尼斯认为，掘墓人假设来自彼得·伯格。彼得·伯格则从马克斯·韦伯那里采用该词；但这一概念最初来自十九世纪的德国唯心主义。例如，黑格尔曾以不明确的方式提出世俗现代性体现了基督教精神的最高实现。这就是马克斯·韦伯（Max Weber）有名的新教伦理观的主旨，近来，塔尔考特·帕森斯（Talcott Parsons）等理论家对这一论题作了进一步的阐述；塔尔考特·帕森斯（追随黑格尔）提出，比起中世纪基督教，强调个人良知权的现代世俗社会实际上与"基督教"更为一致。参见纪克之：《现代世界之道：或为什么我们正受诱惑地生活着，好像神并不存在》，同上，第 27 页。

的邻居，我们应尽量提高物质生活条件。金倡导，为了上海教区的贫穷人，一部分先富裕起来的教友要帮助他们[20]。适应策略在表面上是基督教在帮助世俗社会理解其自身的正当性，清除无神论宣传针对基督教的偏见之同时，它也在实质上推动世俗社会理解实践无神论的正当性，其结果仅仅是用现代理性主义和世俗情感，而且往往是绝对反基督教的情感，取代了非信众对基督教的无知和偏见，最终以牺牲基督教本身为代价。

尽管掘墓人假设重在反思基督教，特别是新教与世俗化过程之间的历史联系，若将之运用于金的适应策略，该假设让我们发现，金始终处于如下的张力之中：既要求上海教区投身于社会主义建设，又要能够坚持神修，建立神人之间和好的关系，与世俗社会有所疏离。在上海，金一直（不得不）给予世俗事务一定的独立性和完整性，尽管他自己一直为神圣和世俗之间的分界而困扰，但他对福音的理解具有将基督教信仰伦理化和处境化的取向："福音的中心思想是爱不是恨，是团结不是分裂，是关系弱小者与贫穷者。"这一思想难以和耶稣认为他的国度"不属于这个世界"（若望福音 8:36）的教导一致。适应策略既为上海教区创造了真正的希望，同时也必然创造了使这一希望错置，并把希望放在此世，而不是神身上的可能性。更具体地说，真正信仰神的到来创造了这一可能性：冒牌信仰可能会被错置为祛魅的自然或人类理性，或社会正义，或普遍的历史－社会变化，或个体性，简言之，它会被错置为某些信念和抱负，而基督教本身最初使之在文化内得以可能。这具有讽刺性，却也不可避免。它是福音与世界之间辩证关系的不可避免的方面：追求福音与世界相适应，其结果不是福音改变世界，而是世界改变福音，让天国的福音成为人自身的福音。

## 结语 "同归一牧，同入一栈"：合一之可能性？

1949 年之后，金一直关注中国天主教和罗马教廷的关系。合一是金孜孜以求的梦想。《金鲁贤文集》的代序写于 2004 年，在此他直言"**我最放在心上的是我们的政府同梵蒂冈关系的正常化。**"[21]此前金在不同时期、不同地方

---

20 金鲁贤：《教友时代（部分）》，写于 1996 年 12 月 25 日，同上，第 19 页。

21 金鲁贤：《透过上海展望未来（代序）》，2004 年 12 月，同上，第 2 页。其中的着重号为笔者所加。

多次、反复提及教会的团结、和睦，坚决反对教会出现分裂。[22]此后不久，2007年6月30日罗马教廷向全世界公开发表《教宗本笃十六世致中华人民共和国天主教主教、司铎、度奉献生活者、教友》的牧函（下文简称中国牧函）。该牧函是罗马天主教历史上第一份针对中国，也是第一份针对一个国家发表的教宗牧函。其地位、价值和影响力是不言而喻的。中国牧函所要处理的问题与金在上海教区所关注的问题基本一致：

第一、处理教会内部的事务，解决地上（官方）教会和地下（忠贞）教会[23]之间的分裂和冲突，试图通过教宗牧函以宗教法律的方式、以教会合一和圣统制为理论基础来确定中国天主教和梵蒂冈、中国地上天主教会和地下天主教的"双重共融"。长期以来，中国天主教实际上在总体上效忠于罗马梵蒂冈，但是由于历史和政治原因，形成了地上的中国天主教爱国会和地下的忠贞教会的差别和分裂。罗马教廷和金均一致认为，教会自身的合一极为重要。

第二、解决天主教会和世俗政府之间的关系，将中国－梵蒂冈建交问题中涉及到的核心问题第一次以官方文件的方式公布于世。因此中国政府面临一种抉择：要么保持现状，对这些问题沉默，拖延解决问题；要么下决心对此问题采取有力措施，以此为突破点，实际地解决宗教事务问题，为中国成为一个开放和开明的国家树立新的形象。对此金反复强调"透过对话来克服矛盾，彼此合作，相互尊重"[24]，达到中梵之间的理解，促进建交问题的解决。金就双方之间的主教任命权问题，尝试性地提出自己的建议。历史上，梵蒂冈与多个国家达成了很多协议，主教任命并非只限于法典上规定的一种模式。就中国和梵蒂冈之间的主教任命权问题，有人认为可以采取"越南模式"来解决主教任命问题，即由梵蒂冈在3名候选人名单中提出1位合适人选，经越南官方核准，从而生成双方都能接受的主教人选。[25]金则认为

22 金鲁贤：《满怀希望迎接第三千禧年》，同上，写于1995年10月，第6页，提及"我们教会内分成两大派，两大派内又各自为政。""展望未来，最使我伤心的是，尽管教宗再三发出呼吁，让我们中国教会不要分裂而要修和团结。但根据目前的情况，还实在看不到有所改善的迹象，难道我们教会将长期分裂下去吗？"《圣神常在，教会永存》，写于1998年9月，金质问道："我国的神职人员中间有人倒想搞单干，闹独立搞分裂，不顾左邻右舍，不要领导，能行吗？"
23 对这种划分及其名称历来颇有争议，这里不作探讨。
24 金鲁贤：《透过上海展望未来（代序）》，2004年12月，同上，第3—4页。
25 轶玮：《主教任命　京愿借鉴越南模式》（2007年1月28日），载于"香港文汇

"解决这问题的较佳方法，是以坦率耐心的精神来谋求双方的共识。我的理想是：我们教区提出一个人选后取得中国政府和梵蒂冈的同意，再经两方面同意后被祝圣为新主教。"[26]金进一步希望上海教区能够在这方面迈出关键的一步。

　　但是，合一的可能首先不在于双方之间就历史和宗教问题达成共识。我们在上文已经分析，中国大陆的主流（而非仅仅是官方的，现在特别盛行于民间的）意识形态是实践无神论。当代中国政治文化的逻辑是将一切关注点相对化，只存在政治－社会行为即实现预先设定的社会目标，以及夸大人自身的潜能。中国世俗的政治观点的可信度还因现代大众传媒过多关注政治舞台而强化，因为这种关注进一步加深了这样的印象：世上没有其他事情值得关注，它们要么是虚幻的，要么最终都可以简化为政治权力意志。"好的政治科学"的确以狡诈的方式使我们相信我们此世一切努力的目标都不超出当下的此时此刻，与基督教所追求的天国和来生形成鲜明的对比。所以，当代中国的政治逻辑的本质仍然是实践无神论。在透过发达的技术、庞大的官僚体系推进和实现现代化的中国以及上海，政治上的实践无神论将一切作为自身的工具加以利用，导致中国文化呈现出明显的单向度的危机：只有世俗的工具理性追求，反世俗的文化要么可有可无，要么要求被同化。所以，在政治逻辑尚未发生转变的情况下，换言之，**在实践无神论和有神论尚不具备同等合理的身份，在健康平衡的多元文化生态环境尚未形成的处境下，仅仅呼唤对话和彼此尊重来解决问题仅仅表达了金个人的美好意愿，真正的症结尚待时机来揭开。**

---

报"网。
26 金鲁贤：《透过上海展望未来（代序）》，2004 年 12 月，同上，第 3 页。

# 第八章  圣俗之辨：窄门耶或宽门？
## ——关于城乡杂居村新教家庭教会世俗化的调查报告

 

 

自廿世纪五十年代以来，作为一种特殊的政教关系问题，中国大陆基督教中的新教（Protestantism）的家庭教会（House Church）[1]与天主教的非官方教会[2]都是中国大陆特定的世俗政治处境的产物或结果，具有特定的所指。换言之，中外今昔同一个"家庭教会"能指符号指向结构和机制不同的对象。为此，家庭教会成为一个重要但是无法从整体上全面研究的对象。正如上文所言，本章在以金鲁贤为个案研究中国天主教与现代性之间关系之后，进一步将思考的焦点落实在中国正在兴起的新教家庭教会，并同样以个案的方式

---

1 当代中国家庭教会也有各种形式，单单按照区域划分，就有城市家庭教会和农村家庭教会之分；按照社会单位划分，就有校园团契类家庭教会和非校园团契类家庭教会之分。下同，不另注。

2 就天主教情况而言，在历史和现实中，与新教的家庭教会平行存在的另外一个问题是地上教会和地下教会，前者即中国天主教爱国会，后者梵蒂冈称之为"罗马天主教中国（大陆）教会"，大主教教友称之为"忠贞教会"。笔者主张，在名称问题上，我们可以将天主教的地下教会称为"罗马天主教中国教会"，地上教会称为"中国天主教会"。英文分别为 Roman Catholic Church in Mainland China, Chinese Catholic Church。其中的依据在于学术名称要保持一种相对的学术独立性，政治和宗教的色彩淡化。在基督教历史上，也存在非罗马天主教的天主教会或公教会，例如东方公教会等。在定性上，这种称呼能够将两者的本质完全区别开，前者尊重罗马天主教的圣统制，后者目前没有隶属于圣统制（但是并不意味着完全不效忠于圣统制）。后者虽然没有和罗马天主教实现共融，但是实际上，尊重并遵守圣统制，也愿意在实质上与罗马天主教实现共融。

深化本书的研究主题。

# 第一节　家庭教会及其世俗的政治秘密

家庭教会，有时也被称为"聚会点"、"聚会所"、"聚会堂"等。家庭教会的英文名称也有不同的翻译，例如，Local Church、House Church、Home Church 等，一般英文书刊采用 House Church 这个词。因为家庭教会在源生的意义上是指，因为居住条件、参加聚会的人数或者其他物质条件的限制以及／或政治因素而没有固定的教堂建筑物，只能在基督徒家中聚会的一类教会。仅仅从这种含义来看，自从基督教创立以来，家庭教会就一直存在，而且基督教会首先是以家庭教会的形式面世的。[3]

在中国大陆，家庭教会除了上述的一般之外，还有自属的个别，即它是指，因为未向政府登记注册而时常面临被取缔的、在基督徒家里或租借办公场所举行非公开的聚会的新教教会。与之形成两极比照的是已经在政府登记注册、在"四定政策"[4]指导下可以公开聚会的三自教会。由于后者具有面向公共空间的有限度的自由，所以它又被称为"公开教会"；由于前者属于时常面临政府依据法律和规定取缔的教会，其活动具有非公开（在这里"非公开"不是指"不公开"，在这个资讯极其发达和官僚组织体系极其完备的时代，做到完全"不公开"是不可能的。在目前的许多情况之下，所谓的非公开的家庭教会既是为家庭教会周围的非基督徒所知道，也为地方政府和政党的基层管理和组织单位所了解。在这种意义上，家庭教会不是绝对的秘密性的组织或社团。）的特点，所以，它又被称为"地下教会"。英文书刊称之为 Underground (House) Church，即"地下（家庭）教会"。[5]这里的"公开"

---

3　如果追根溯源的话，基督教的家庭聚会或家庭教会源自于公元前犹太教。前 586 — 前 548 年犹太人"巴比伦被掳时期"开始形成聚会处，成为犹太会堂（synagogue）的起源，发展为犹太教的正规崇拜形式与组织，也是西方宗教的标准崇拜形式。参阅 Leo Trepp：《犹太经验史：永恒的信仰，永恒的子民》（*A History of Jewish Experience: Eternal Faith, Eternal People*）（N.Y.: Behrman House，1973 年），第 25—26 页。

4　所谓的"四定政策"是指：宗教活动只能在指定的地点举办，如已登记的三自教会或神学院；只能由指定的人员执行（讲道者必须由宗教事务局发照）；宗教人员只能在指定的地区服事；宗教活动只能在指定时间内进行。

5　至于英文翻译的 local church（地方教会），则是与 universal church（普世教会）相对应的一个概念。"使徒信经"说："我信圣而公之教会"。"圣而公之教会"

与"地下"之别仅仅相对于世俗政治体制而言的：凡被现行的占据主导地位的政治框架吸纳、认可的皆属于"公开"，反之，凡逆现存的政治框架而动的皆属于"地下"。家庭教会因为种种原因坚持不登记注册的立场决定它只能够在"地下"活动。

在中国大陆，"家庭教会"这个词在概念的内涵和外延上已日趋复杂，其因在于，一方面，每一个代表新教不同流派的家庭教会所经历的历史和现实处境都不完全一致；另一方面，新教家庭教会并没有统一的、全国性的系统组织，各地家庭教会本身也大多没有明确且普遍认同的构架体系，不同的家庭教会之间在一些宗教信仰、宗教礼仪和追求方式上也存在着相当多的分歧和矛盾，其中还出现过并现在还在生长的极端的家庭教会和异端的家庭教会。这种非统一性使得从理论上对家庭教会进行界定显得更加困难。与家庭教会相**对举**（而非完全或彻底地相互对立）的是公开的教堂教会：一个在房屋（私宅或租房）里举行聚会，一个在教堂里开展宗教活动。虽然这两种教会各自在外在的名称上似乎既不相互矛盾，而且自身也无重复之嫌，但是它们在汉语语境中的词义上并非如此。从词源学上说，汉语语境中的"教会"一词从希腊语和拉丁语"*ecclesia*"而来，其本意为"召唤"，转义为召唤而来的"集会"，它面向公共世俗社会的含义是显而易见的。在基督教中，该词是指以信仰基督之名集合在一起的信仰团体，用形象化的语言来表述就是"神的子民"、"基督的身体"和"神圣的宫殿"等，用社会学术语来描述就是一种"**信缘性组织**"。它不仅仅包括聚会的场所和信众，也包括制度性的结构和要素，如礼仪、教职和与日常生活密切相关的诫律等。[6]若按这种神学上的教会观来衡量，将家庭教会称为教会在许多方面

---

（catholic church），就是普世教会的意思，这是 catholic 的原意。但是，由于 Catholic Church 后来专指罗马天主教会，所以在英文中就改用 universal church 来表示普世教会，即普天下所有在基督里得救的人集合起来，就是基督的身体、羔羊的新妇，地方教会，就是在每个具体地方（乡村、城镇、街区、省份、国家等）建立的教会，只是普世教会的组成部份。而 Home Church 则是一个较少使用的字，但有 Family Church 的说法，用于欧美一些信主的大家族，可能由于与其他肢体相距太远，或因为有某些特别的家庭崇拜，单为本家族的人而设的教会，一般有家族成员和雇工、奴仆等参与其中，也许仍可译作"家庭教会"。但这种"家庭教会"，除某些极特别的情况外，是不应当提倡的。因为教会的基本功能之一，就是"信徒相交"，不分高低贵贱，民族种族，都要在基督里以爱相连。若是只以家族为单位成立教会，就等于与其他的肢体脱节，违背了教会的本意。

6 辅仁神学著作编译会：《神学辞典》，上海：天主教上海教区光启社，1999 年 6 月

是不合适的。所以，在本章的调查中，被访问的家庭教会的领袖称家庭教会为"家庭聚会"。另外，"家庭教会"和"教堂教会"都有词义重复之嫌。"教会"本为"基督信徒在世上的家"，"教会"本身也指涉"教堂"，那么，再在前面冠上"家庭"和"教堂"似乎是一种画蛇添足的做法。而且"教堂教会"无论如何都无法用英语来翻译，只能够在详加解释的前提之下，姑且翻译为不伦不类的"temple church"，以示区别与"house church"（家庭教会）。

但是，在中国大陆当代语境之中，由于特定的种种政治性和历史性的因素，家庭教会**特指**在大陆尚未被政府认可的基督徒以私宅或租借办公场所为单位的聚会，与之相对应的则是政府认可的基督徒以教堂以及家庭为单位的聚会。后者就是在海内外引起颇多争议的官办性质和体制内的"三自"（自治、自养、自传）教会（Three-Self Church）[7]，即经过政府登记、接受政府指导和"两会"（三自爱国运动委员会和中国基督教委员会）管理的[8]体制化教会。相对于家庭教会来说，后者具有严密的宗教组织、系统的宗教教理和教义以及严格的宗教教仪、教规、诫律，经常性地公开开展宗教活动，拥有自己固定的宗教活动场所（教堂），而且，尤为值得一提的是可以公开地在基督徒家庭中聚会。从中国宗教两形态说[9]来看，新教家庭教会既不属于制度性的宗教，也不属于散开性的宗教。沙百里（Jean Charbonnier）将家庭教会简单

---

第 1 版，第 411—413 页。

7 与天主教家庭教会相对应的是中国天主教爱国会。

8 大陆直接管理宗教的机构主要有三个部分：中国政府，主要有民族与宗教事务局、公安局、文化保护局；中国共产党，主要有统战部；全国性爱国宗教团体，主要有新教的"两会"和中国天主教爱国会等。

9 中国宗教两形态说指的是将中国宗教划分为"制度性的宗教"（institutional religion）和"散开性的宗教"（diffused religion）两种形式。比较而言，制度性的宗教自身包括如下要素：独特的神学或宇宙解释系统，形式化崇拜祭祀系统，有独立的人事组织进行神学观点的阐释、负责祭祀活动。制度性的宗教的一个最大特点就是其自身可独立于世俗体系之外，从而在某种程度上与之相分离。而散开性的宗教虽然也有其神学、祭祀与人事的运作系统，但无论其精神内核还是形式化仪轨组织均与世俗制度与社会秩序有机地整合在一起，成为结构的一部分，它自身没有独立的价值和意义。在中国社会，散开性的宗教占主导地位，而制度性的宗教相对薄弱。这里所谓"制度性的宗教"也就相当于我们所说的"体制化宗教"。参阅范丽珠：《中国宗教的制度性与散开性》，载《读书》2002 年第 6 期，第 143—147 页。转引自陆沉：《宗教之间理当相互宽容》，载"思问"哲学网站（www.siwen.org）《陆沉文集》。

地界定为"私人住宅中的全体祈祷"[10]。他是从如下三个层面来界定家庭教会的：在空间上，它在私人的家里举行；在宗教活动上，它主要以祈祷为宗教活动的核心内容；在教徒关系上，它注重"全体"，即教徒的内在和谐或团契。这种字面上的界定自有它清晰明了的好处，而且抓住了家庭教会的实质，即通过祈祷来与神交通，因此祈祷或祷告成为家庭教会的最主要的宗教活动。但是，家庭教会的内涵远不止这些。从宗教社会学来看，这种界定的最大问题是没有将家庭教会与教堂教会区分开来。如果撇开特殊背景，单单看这两种教会，因为人人皆可成为祭司，凡众基督徒祈祷的地方皆教会，在家还是在教堂本无实质性的区别价值，问题的关键是在信仰上的交通，因此，它们在表面上是没有根本性的差别的。它们都可以说是众信徒的祈祷之地，况且在历史上和现实生活中也不乏家庭教会和教堂教会双会共辉的时期和典范。除了我们所谓的家庭教会之外，在现实中仍然存在着其他各种类型和教派的家庭教会（其中包括三自教会的家庭教会）——倘若一定要加以明确界定，它们的区别也只限定于没有意义的一点，即空间上的家庭／教堂的二分。从而，如果以此来看待家庭教会，我们也就无法理解它们之间以宗教形式表现出来的世俗政治斗争——特定的政教问题。这才是我们所谓的中国家庭教会的政治秘密。换言之，单单这一个外在的区分标记不能够展现出家庭教会的个性或风格——不管它自身愿意与否，它具有浓厚的世俗的政治性。[11]

特殊境遇下产生的家庭教会自然有着与众不同的地方。简要地说来，它的独特性在于以下几个方面。（1）它是独立的传教单位。这种独立性首先体现在自治上，虽然有平行的家庭教会之间的交流，但是从纵横两个方面看，它没有上下垂直型或同级性质的管理组织，典型地具有"各自为政"的特点，与此相应，在分布上具有"星星点灯"或零散性的特点；其次，在维持教会的经济上，大多数家庭教会自觉地断绝与任何的赞助者发生关系，基本上依靠内部的奉献来独立生存，做到自养；最后，在传教上，一般自己选择

---

10　沙百里（Jean Charbonnier）：《中国基督徒史》，北京：中国社会科学出版社，1998年8月第1版，耿升、郑德弟译，第367页。

11　宗教和政治的关系虽然复杂，但是有一点是普遍认同的：凡历史和现实中已有和现今存在的宗教皆不离开政治，只是在亲疏程度上有别。在这个意义上，宗教带有政治性。但现代政教分离原则表明，宗教的政治性既不意味着宗教要以政治为目标和归宿，更不是说宗教要和政治合一。简言之，宗教不是政治，但宗教具有政治性。

牧师、传道人或其他类型的讲道和组织者以及传教的对象、方式和手段，做到自传。（2）因为客观条件的限制，它没有严格的宗教仪式和教规，一切仪式都以简洁化的方式举行，无论是圣餐还是洗礼的程序都极其简略。（3）因为人数通常较少，它有能力特别注重每个成员的灵性生命的进展，关心每个信徒的日常生活（无论是物质上的，还是精神和心理上的），团契（fellowship）的成分特别浓厚和明显，结构主义重于个人主义；（4）在参照与之相关的教义、教理前提下，更多地是从自身的生活经验和领悟来解释、理解圣经，更多地以圣经为本位来解释信仰与实际生活中的问题，而讲经人本身大多数没有接受过正规的宗教教育和训练，口传重于文字，身传重于言传。[12]（5）在通常的情况下，聚会场所较能够固定，但是主要由于政治因素，常常从一个家庭流动到另外一个家庭，或从一处租借办公场所迁移到另一处租借办公场所，非公开传教的色彩非常明显。（6）虽然会独立地开展宗教活动，但是活动规模小、次数少，也不经常，但主日崇拜以及圣餐活动较固定。（7）它特别强调"分别为圣"，所以它的规定和仪式与世俗的制度、礼仪有着原则性的区别。依此来看，家庭教会的第1－6个特点将它和制度性的宗教的诸多特点区别开来，而第 7 个特点又明显地与散开性的宗教不同。在这种意义上，中国当代的家庭教会自有其特殊的要素与结构，不能够用某一个现成的模式绝对主义和形式主义地加以框定。

## 第二节 关于邪教和异端的定义：政治和宗教区分的一个尺度

自从二十世纪八十年代以降，在中国大陆出现了两个经常被人误解的词语：邪教和异端。这两个词语的出发点并不一致。前者是从法律角度确定本质，而后者则是从宗教自身作出界定。邪教指以宗教名义从事违背国家法律并给国家和公民生命财产造成损失的组织机构。从实质上说，邪教并不是宗教。但是，由于邪教的字面意义往往为人误解为邪恶的宗教，所以由此推论出宗教有好的宗教和坏的宗教，似乎宗教也有这样两种类型。异端指在某个

---

12 从笔者的了解来看，由于家庭教会大多数无意于和体制内的教会交流，因此，公开的教会学校也和它们几乎没有接触。这样，家庭教会成员不参加由经过政府允许、批准建立的教会教育机构提供的学习，也不以宗教信徒的身份进入国民教育体系。在宗教教育方面，家庭教会目前也试图有所改进。下文将涉及到这个问题。

宗教内部，凡不合正统信仰和实践的教派、组织和个人。由于在不同的历史
时期，某个宗教对正统的内涵理解不同，所以依据不同的正统会形成不同的
异端的划分。例如，在历史上，罗马天主教曾将东正教和新教两个宗派均界
定为异端，但是在梵蒂冈第二次大公会议后，这种界定不再存在。就处理的
结果来说，凡是邪教均要采取法律措施，由政府通过法律加以解决，但是，
异端则由宗教内部来处理，属于宗教内部事务。例如东方闪电被中国政府界
定为邪教，凡参加该组织的人均要受到法律的制裁，但是，主流的新教家庭
教会则反对其教义、组织方式以及活动，虽然不能够采取法律措施，但是会
从宗教立场本身有意识地将之与主流或正统的观点分别开。

举例而言，当代中国新教内部保守派广泛界定的异端主要有"东方闪
电"、"耶和华见证会"等；而政府所界定的邪教组织主要典型有东方闪电，
耶和华见证会则不属于邪教。我们将两者比较，就会发现，两者之间只会出
现小部分的重合，而非完全重叠。但是，部分重合说明，新教内部从神学义
理上所判定的异端并不一定就是邪教。所以，在邪教和异端之关系上要作出
清晰而明确的划定，对于本章的研究至关重要。就现实而言，当代中国的家
庭教会由于一直未公开化，以其名义活动的异端与邪教并不为少。对此，本
章特别作出说明，本章所研究的对象是坚持基督教新教正统的家庭教会，对
于异端或异端兼具邪教的家庭教会不作探讨。另外，从正统的家庭教会来
看，被政府定为邪教、被正统所定的异端，虽名义上称为家庭教会，但在本
质上并不是教会。

## 第三节　圣与俗：窄门？宽门？

在介绍城乡杂居村新教家庭教会与世俗化之间的关系之前，我们先简要
探讨一下与这一主题相关的理论问题。一般说来，就宗教的本质（体）来看，
宗教以追寻、接近、体证宇宙人生的最高的绝对真理或终极关怀为其志业，
即所谓"有所宗"，因此，宗教以超离世俗世界为旨归；就宗教的功能（用）
来看，宗教以解脱现实苦难、获得精神福乐为志业，即所谓"有所教"，因
此，宗教又以世俗世界为落脚点。由此来看，宗教与世俗（the secular）首先
是一对相互对立的范畴，它们意味着彼岸／此岸、来世／今生、出世／入世
之间的二元对立。在基督教中，圣俗关系简言之就是神人关系。援用基督登
山垂训的比喻，圣俗之辨就是人在通向天国或永生的"窄门"和堕入世俗的

"宽门"之间的抉择。[13]另外，体用不二，两者又是相互依存的：宗教超越的本质蕴涵于宗教的功用之中，通过后者体现出来，而宗教的功用不离宗教的本质，以后者为指导和归宿。作为基督徒来说，他们要成为"世上的盐"，盐不能够失去盐味，即在世的盐不离基督信仰的本体，而盐味也要如光一样在世上因为神且为了神而为世人所用。[14]

世俗化首先是指一种由一个封闭的魅化（enchantment）的社会过渡到开放的祛魅（disenchantment）的世俗社会的现象。[15]它在当代中国表现为：在现代化与工业化浪潮的冲击之下，社会倾向于理性化、多元化与个性化的行为模式和价值观念，而这种行为模式和价值观念不仅仅出现在一般性的社会制度中，而且在宗教制度中也颇为显著。值得注意的是，中国长期以来是个讲求民俗的社会，各种前现代社会的已经凝结为百姓日用的民俗（如春节、端午节、丧葬礼仪等等）以各种方式影响着家庭教会。这就是与上述世俗化有所不同的民俗化。在注重世俗生活和缺乏超越关怀的意义上，两者具有一致性，因此本章认为世俗化的第二层涵义是指民俗化。就宗教的世俗化来说，有学者提出双重世俗化思想。这种思想认为宗教的世俗化涉及到两个方面：社会本身的世俗化和宗教的世俗化。前者是指公共权力以非神圣化的形式界定世俗社会的结构与意义，为宗教发展划定领域，依据法律对之进行管理，不再以公共权力的形式直接涉及宗教问题，故被称为世界的去圣化、祛魅化或理性化；后者是指宗教自身不断地作出自我调整，适应社会变迁的需求而退出公共社会，不再左右公共理性。[16]从这种双重世俗化思想来看，宗教的世俗化面临如下两种挑战：公共权力从外部将宗教世俗化；宗教内部既要应对来自外部的世俗化，又要处理自身世俗化的要求。在当前的现实处境中，家庭教会游离于公共权力之外，——但是无论如何，这种"之外"在整体上并不具有直接和公开地违背、对抗社会公共道德和法律的含义，实际生活已经而且仍将会证明家庭教会成员的绝大多数（不能够说是百分之百）都是遵纪守

---

13 参阅马太福音 7:13－14。

14 参阅马太福音 5:13－16。

15 这种看法来自于韦伯（Max Weber）。就基督教如何看待这个问题可以参阅：李泽尔（George Ritzer）：《魅化无魅的世界：论消费手段的革命》（*Enchanting a Disenchanted World: Revolutionizing the Means of Consumption*）（Thousand Oaks: Pine Forge, 1998 年）。

16 参阅李向平：《宗教变迁及其社会场域——当代中国宗教的社会性的新探》，载于"世纪中国"网站（www.cc.org.cn）。

法的公民，在许多情况下，他们比非基督徒的公民更加恪守公共道德和法律。
这种游离状态本身说明公共权力尚未真正完成公共生活划界的工作。这一点
在目前突出地体现在"要求登记 vs.拒绝登记"以及由此引发的诸种问题上，
两种教会之间以及家庭教会与政府、政党之间因为在这些问题上无法达成一
致而正处在无硝烟的长期的拉锯战之中。同时，在目前，中国家庭教会既然
谈不上曾经主宰过公共理性，也就谈不上退出的问题。——这种双重世俗化说
并不切中中国当前的家庭教会的世俗化问题，有以西化中之嫌。事实是，面
对势力强大、几乎无孔不入的现代性要素之一——世俗化浪潮以及传统民俗的
复苏和兴起的冲击，家庭教会不得不采取各种灵活型的应对策略。鉴于这种
双重俗化的冲击，我们将家庭教会的世俗化分为两个层面：体现在家庭教会
中通过家庭教会内部教徒之间的关系（它又体现在和祈祷、礼仪、肢体关怀[17]
以及其他各种宗教活动当中）上的世俗化的表现，以及体现在教徒在家庭教
会之外与他人和社会之间的关系上的世俗化（包括民俗化）问题上。在下文
的评论中，我们就以此为依据将家庭教会的世俗化划分为内在的世俗化和外
在的世俗化两个层面。

　　我们这里姑且不谈当代社会生活的世俗化的诸多面相，任何有智性的人
都会体会到并承认，物质主义及其种种伴生物已经成为当今中国社会的一个
新的意识形态，我们只是在这里简要地介绍一下在家庭教会应对世俗化的同
时，中国建制化的天主教和基督教新教、道教以及伊斯兰教在目前已经显露出
的世俗化倾向，从而反证新教家庭教会在世俗化上的现实处境。中国天主教
提倡"三自爱国"，在 1983 年提出的"开展神学研究"的任务中，爱国的天
主教神学家们认为，不能只是从教会定断出发，而应以圣经为依据和标准来
对信仰进行解释和阐述，其目的在于创建适应中国国情与人民大众利益的中
国天主教神学。他们还对伦理神学的具体标准作了新的阐述，认为人民大众
的利益既是教会行为的具体标准，也是伦理神学的具体标准。基督教新教提
出为了来世修好现世，作盐作光，荣神益人。其所倡导的"神学思想建设"也
有引导基督教与现代社会相适应、与建设有中国特色的社会主义相协调以及
淡化基督教信仰的意图。道教提出和光同尘、济世救人。伊斯兰教主张两世

---

17　"肢体关怀"是指基督徒之间的关心、照料，例如，探望生病的兄弟姊妹，为他
　　们寻医问药；为受子女虐待的教友提供物质帮助和精神鼓励；捐助有特别需要
　　的教友，等等。基督徒认为自己属于基督的身体，所以他们彼此称为"肢体"
　　（body）。

并重、两世吉庆，注重为今世工作，把今世作为后世的"栽种之场"。汉传佛教倡导"人间佛教"、"庄严国土，利乐有情"；藏传佛教倡导民主管理寺院，"爱国爱教，以寺养寺"。[18]在当代同样的世俗化大处境之下，上述的中国天主教、基督教新教、道教、伊斯兰教和佛教都在内部出现了自觉地向世俗化靠近的倾向。与上述各种宗教及其各个教派从理论建设和实践上双管齐下回应世俗化不同，家庭教会则更为紧迫地面对、思考、解决、处理世俗化带来的当下难题。以经济发展为中心的现代化战略引发出的社会问题主要表现为：物质至上主义、金钱万能论和享乐主义甚嚣尘上。这种"媚俗"风气也直接吹到家庭教会，种种趋利现象也不少见：有少数家庭教会领导人从海外送来的金钱奉献中获利，甚至中饱私囊；不少传道人为了生计而不能够全时间事奉；不少信徒因受不了物质利益的诱惑而放弃牧职去从商，等等。

从新教在华历史来看，自新教入华以来，其传教分为上层路线和下层路线，即戴德生（Hudson Taylor，1832－1905 年）路线和李提摩太（Timothy Richard，1845－1919 年）路线。前者创内地会，以直接布道为主，扎根于社会中下层；后者则致力于向中国知识分子传教，从事教育、出版和赈灾等活动。这两条路线实际上在今天中国教会中仍保持持续性的影响力。家庭教会无疑是戴德生路线的代表和体现。这种路线也决定了家庭教会与世俗生活的"你中有我，我中有你"的关系，其世俗化问题更加突出。

但是，就世俗化问题的研究来看，目前学术界并没有把眼光投向家庭教会，这一方面是家庭教会出于各种考虑会有意无意地回避和学术界接触，另一方面家庭教会的非公开性、零散性、多元性等因素[19]也制约了以确定研究对象的一般为旨趣的学术界的研究。这两个方面的因素都限制了我们对当代中国家庭教会的研究。目前在海外和港台地区已经有不少学者有意识地开展这项工作。但是，他们研究的焦点集中在城市家庭教会领袖之上，其中涉及到的比较有影响的研究对象有：在北京建立"基督徒会堂"的王明道（1900－1991 年），在上海建立聚会处的倪柝声（1903－1972 年），在广州成立大马站聚会点的林献羔（1924－2013 年），等等。到目前为止，我们尚未见到对城乡杂居村新教家庭教会的同类研究。甚至宏观地对农村家庭教会的专题研究性

---

18 参阅杜永彬：《藏传佛教的世俗化倾向——兼论西藏民主改革对藏传佛教的影响》，载于"中国西藏信息中心"网站（www.tibetinfor.com.cn）。

19 例如，为保守秘密，也出于教徒的安全考虑，家庭教会普遍有个不成文的内部规定即"三不"（不拍照、不留名、不留念）。

文章和学术著作也少有世，但是，尚不乏简单的介绍性质的文章。因此，本章从宗教社会学所做的介绍和研究还是有一定的探索意义的。

作为信仰团体，从基督教立场来看，教会自然是拥有共同信仰的基督的身体，是领受、传布基督呼召和天国喜讯的集会地。既然如此，教会本不应当有公开／地下、官办／自办、教堂／家庭、体制内／体制外之分。这种区分本身就意味着特定的处境和宗教生活条件，意味着无论表现为何种形式，教会都要受到世俗化的影响，不论这种影响是来自国家的政治意识形态，还是来自现代性意义上的为后现代主义所诟的大众社会——一个将传统的民俗文化、主流意识形态文化以及以消费和娱乐为旗帜的大众文化或流行文化包容在内的社会。一个以基督为中保和标竿的新教农村家庭教会也毫无例外地受制于当代世俗社会，换言之，它必定要在此岸的非神圣的生活中过神圣的彼岸生活，即在世俗生活中过非世俗化的生活。这种先验的带有悖论色彩的基督徒生活如何在具有数千年历史和传统的以"四化"或"中等发达国家"[20]为目标的当代中国社会中存在和延续下去呢？本章根据第一手多年积累的观察，在介绍相关的背景基础之上将来自田野的新鲜资料展现出来，在将口头的材料书面化以后加上作者的评论。这种以城乡杂居新教家庭教会和世俗化为主题的评论无论如何都是尝试性的，希望以此引起大家注意：在纯粹神学学术之外，在制度化的诸种宗教和教会之外，真正道成肉身的"神学"[21]却不能不将我们所谓的俗人或民间包括在内。

## 第四节 中国城乡杂居村新教家庭教会 Ａ 的当代境域：两俗之间

### 命名与源起

根据非官方的估计，目前大陆各种未被政府视为合法的家庭教会的信徒

---

20 "四化"是指在工业、农业、科技和国防四个方面实现现代化。大陆对实现现代化的目标大体不变，但是具体的实施计划经常有变动，不断变更所谓的"三步走"的内涵就证明了这一点。

21 神学，顾名思义，是关于神的知识体系或学说。但是，真正的神学倒是"学神"，即在日常的生存中见证神的荣耀，效法神的言行，成为神的器皿。道成肉身的神学至少意味着如下两层含义：神学的基督化和基督化的神学在生活中的具体化或肉身化。两者缺一不可。

数量总计约有六到八千万[22]。其中的农村（包括城乡杂居村）新教家庭教会的成员实际上的数目有多少，到目前为止尚无精确的统计数字。从中国大陆的主要人口分布于农村以及家庭教会主要在农村地区传布这两个人口分布特点来看，农村家庭教会的人数要比城市家庭教会的人数要多，这一点是不争的事实。基督教本为一体，但是在基督教两千多年的历史上和在当下的现实之中，基督教被分成了各种虽然在目前不再相互隔离但是事实上还是彼此独立的派别或宗派。就中国基督教的分布来说，其大致轮廓是：在东北和西北以基督教新教为主并有少数中国天主教和东正教信徒；在华北以天主教为主；在华东、华南以基督教新教为主。家庭教会也基本上受这种宗教教派分布的影响，但是各个地区宗教交错的现象极为普遍。所以，至今为止，在无全面客观公开的材料作证之前提下，这种划分毫无确定性，只是一种极其粗略的描画。

本章所谓的城乡杂居村新教家庭教会 A（以下简称为 A）以华东地区长江下游长江三角洲的外围农村为主要对象。这里的家庭教会计较名称上的差别，虽然认为基督徒乃天下一家，但是他们将自己所信奉的基督教称为"耶稣教"（Protestantism），以区别于天主教。非基督徒也这样称呼他们的邻里所信奉的这种非本土源生的宗教，而他们曾经长期不友好地称之为"洋教"[23]，直到廿世纪八十年代以后，这种贬义加政治歧视的称呼才逐渐消逝。"耶稣教"这种称呼在这一地区非常普遍。在某种意义上，A 信众对自我宗教身份的确定说明他们明确地知道各种已经定型的各个基督教种类之间的种种差别，而且他们对宗教合一运动报抵制态度。

---

22 基于我们没有办法准确地收集到国内家庭教会的统计数据，所以我们根本不能就国内家庭教会信徒增长的情况作一个较为具体而确实的讨论。我们单从国内公布的公开的教会数字就可以看见，在短短的十多年间，教会由被禁止聚会到重开，竟然已发展到约有一千多万的信徒，教堂及聚会所约有三万七千多个，教牧人员约有一万八千人。有人估计家庭教会的人数也有一千多万，这样累加起来，我们不难估计，国内信徒应高于二千万之数。比对二十世纪五十年代的七十多万的信徒，其增长率高达三十多倍。但是也有人估计家庭教会的人数高达八千万人，如果真是这样，那么其增长率的确惊人。

23 中国人之所以会有如此表现，可能是因为民族自尊心，或是因为盲目排外的心理，又或是因为憎恨西方列强而迁怒于宣教士，抑或是三者兼而有之，中国人称基督教为"洋教"，称传教士为"大毛子"、"洋鬼子"，称信教的中国人为"二毛子"、"假洋鬼子"。在"文革"时期，这种明显带有贬义和蔑视的称呼还是一种流行的词汇。

　　基督教新教在华传教历史可以追溯到于 1807 年来华的英国伦敦会宣教士
马礼逊（Robert Morrison，1782－1834 年）。继马礼逊之后，许多新教传教士
纷纷来华，将福音传教活动推进到内地。新教传教逐渐由广东北移，进入福
建、浙江、上海、江苏等地。[24]在最初的中国本色化教会（indigenous Chinese
church）在廿世纪二十年代出现以后，各种以家庭为单位的聚会点或教会就已
经建立起来，但是当时的动机是自治，或者说是"宗教独立"，即摆脱海外
传教士和传教机构的种种影响，这与新中国建立以后出现的家庭教会有异曲
同工之处。[25]大致说来，大陆家庭教会的形成与发展是与政府和政党的宗教政
策如影相随，每次的政治动向都影响到家庭教会的发展以及它与三自教会的
关系，我们可以将之类比为"二次宗教独立"，即摆脱主流意识形态的影响，
厘定现代意义上的政教关系，在现代政治秩序中获得应有的位置。下面主要
从两种教会以及家庭教会和政府、政党之间的关系来将家庭教会的当代发展
史概括为四个阶段。[26]第一个阶段是初步形成阶段（1950－1958 年）：1950 年
大陆新政府发起"三自革新"运动，基督教新教部分信众因为拒绝参加这场
运动而被迫转入家庭，特定的家庭教会由此出现；三自运动在 1954 年指出，
各教会当彼此尊重对方的信仰、制度和仪节。[27]第二个阶段为完全封闭和潜隐

---

24 参阅吴义雄：《在宗教与世俗之间：基督教新教传教士在华南沿海的早期活动研
　　究》，广州：广东教育出版社，2000 年 3 月第 1 版，第 24－209 页。

25 参阅裴士丹（Daniel H. Bays）主编：《基督教在中国：从 18 世纪到现在》
　　（Christianity in China: The 18th Century to the Present），斯坦福：斯坦福大学出版
　　社，1996 年。

26 成大福：《家庭教会何去何从》，载于《中国与福音杂志》第 15 期（1996 年 11－
　　12 月）。该文认为，无论从个别微观教会或总体教势来看，自 1949 年以后的中国
　　家庭教会的发展可分成五个阶段：（1）先锋期：许多地区由少数几个人先开始聚
　　会；（2）开拓期：此时期聚会的人数不单在原有聚会点增加，更在附近乡镇延成
　　一片；（3）稳定期：教会因着内外环境的刺激，在组织、神学架构、教育、发展
　　路线上逐步调整，呈现丰富而稳定的状态；（4）繁殖期：教会发展到一定规模之
　　后，以新增聚会点的方式繁殖扩大；（5）转型期：大陆开放之后社会、经济型态
　　改变，此时教会原有的较狭窄的神学观面临冲击，教会内部的组织、教育、训练
　　的质量、管理方式等都要大幅调整。本章从家庭教会的政治秘密来划分它将近五
　　十年的发展历史。

27 1954 年 7 月 22 日至 8 月 6 日"中国基督教全国会议"在北京召开。7 月 28 日上
　　午，吴耀宗作了《中国基督教三自革新运动四年来的工作报告》，报告认为今后的
　　方针任务有 7 个方面：（1）号召全国信徒拥护中华人民共和国宪法，为建设社会
　　主义社会而努力；（2）号召全国信徒反对帝国主义侵略，争取世界持久和平；（3）
　　继续在全国信徒和教牧人员中进行爱国主义学习，彻底肃清帝国主义影响；（4）

阶段（1958－1979 年）：1958 年政府要求所有的基督教新教各宗派教会都要归属三自教会管辖，宗派均失去其宗教团体的功能，聚会处、自立会、耶稣家庭以及真耶稣教会等本色化的教会团体亦丧失其自主性。因为当时无自主的教会存在，1961 年三自教会二次修改章程后，取消了 1954 年章程中有关各教会彼此尊重的内容。从此家庭教会和三自教会彻底分裂。从二十五十年代到七十年代的政治运动对家庭教会的冲击很大。惨绝人寰的"文革"对基督教的迫害达到顶点，这时家庭教会受到的打击最大，传教也最为严密和隐秘。1966 年文化革命开始，政府当时的主观愿望是通过行政命令和法律制裁把一切宗教予以消灭，因此三自组织也就没有再存在的必要。自 1966 到 1979 有 13 年之久三自组织不再活动，但是家庭教会一直坚持下来。第三个阶段为家庭教会活跃和兴旺时期（1979－1998 年）：1979 年三自教会在政府的召唤下恢复后，三自教会的领袖称大陆教会为"宗派后的教会"。伴随着新时期的来临，大陆宗教政策宽松，家庭教会也发展迅速，就连"文革"中被称为"无宗教区"的温州二十世纪八十年代后奇迹般地涌出几十万信徒，并持续骤增。在目前，基督教新教农村家庭教会主要集中在河南（最活跃的地区）、安徽、江苏、浙江、广东、福建、山东、上海等地，遍及全国。第四个阶段为逐步公开和持续兴旺阶段（1998 年－）：1998 年 8 月，部分中国家庭教会的领导人张荣亮等在河南省首次通过接受外国记者的采访、拍照、报导公开向政府发出书面呼吁。此份《中国家庭教会各教派联合呼吁书》的发表标志着中国家庭教会已到了一个相当成熟的阶段。它是有史以来首次公开以"中国家庭教会"的名义联合发表的文件。随后中国家庭教会部分领袖于 1998 年 11 月联合发表《中国家庭教会信仰告白》和《中国家庭教会对政府、宗教政策及三自的态度》，第一次以公开的方式确定自己的信仰立场和原则，第一次公开地表明自己的政教观，标志着中国家庭教会的成熟。在这一阶段，随着家庭教会自己有意识的公开化，家庭教会在全球宗教对话和合一运动的冲击之下，提出"合一"口号，即各个家庭教会、家庭教会和三自教会以及家庭教会和其他宗教要展开对话和交流。值得注意的是，本章述及的城乡杂居村家庭教会之所以定位于新教与最初的传教士的传教密不可分，可以说，最初在这些

---

贯彻自治精神，促进教会内的团结；（5）研究教会自养问题，协助教会完成自养；（6）在互相尊重的原则下，研究自传工作，肃清帝国主义毒素，传扬纯正福音；（7）贯彻爱国爱教精神，提倡爱国守法，纯洁教会。参阅《中国教会史》，载于"信仰之门"网站（www.godoor.net），没有署名。

地方（华东）播下的是基督教新教的种子，那么今天在此活动极其活跃的家庭教会也几乎是清一色的新教，家庭教会的历史传承性由此可见一斑。

## 社区环境、发展中的经济与边缘位置

本章涉及到的对象处在长江下游但尚未达到小康生活水平的城乡杂居地区。而改变人类未来生活方式和价值观念的网络暂时对这个家庭教会没有实质性的影响，他们大多数不具备普及计算机的软件（文化知识和主观需要）和硬件条件（经济能力）。下面举家庭教会 A 来解说基督教新教城乡杂居家庭教会的一般。

如果严格说来，A 还不属于纯粹的农村或城镇，因为它离城镇只有 30 分钟的自行车路程，其北靠一家已经倒闭的冷冻厂，该厂的其他三面为农村，其南靠一家已经倒闭的航运公司，其东为一条流入长江的河流，其西为农村。该群居处的成员的男子人多数原先在航运公司工作，他们的家属多为周围农村的农民或户口在农村而不务农的半农民。由此来看，我们可以恰当地认为它坐落在城乡杂居村地带。这种兼跨城乡的地理位置，有助于我们的分析，因为它在一定意义上是纯粹农村的未来和现在的城镇的过去。

我们调查的时间为 2002 年上半年。相对于内陆和纯粹的农村家庭教会来说，A 的周围地区在整体上属于温饱型的生活，但是，它也离小康尚有一段相当长的距离。由于它靠近长江三角洲的富庶地区，这种得天独厚的地理位置意味着，一方面，沿江沿海地区先进的经济观念和经营手段、代表现代世界的价值观念和生活方式等等要素迅速地在这个家庭教会的周围地区传播，既得到抵制和反对，又被吸收和转化；另一方面，传统的生活价值观和生活方式又根深蒂固地发挥着规范性的作用和影响。但是，这个完全由汉民族组成的家庭教会在一个日益贫富两极分化的社会中几乎处在边缘位置之上，因为它的成员大多数没有受过中等以上的教育，尚无能力掌握现代知识和技术，所以他们在现代经济中几乎可以被忽略，处在边缘位置上。另外，他们一方面要抵制由金钱刺激起的腐化和堕落，另一方面又要反对近几年死灰复燃的巫术与迷信，因此，这个教会在价值观层面上在一个以世俗为主流的社会中像孤岛一样处于边缘位置。但是他们凭借信仰、盼望和爱心以循序渐进的家庭式传教方式影响着周围的民众，不仅仅以身作则地遵守社会法律与道德，同时也感化了邻里，另外还有其他原因，使得周围信教的人数逐年上升。——

值得注意的是这种传教方式与谷场式传教方式[28]不同，后者一般是指，在家庭教会和／或布道团体组织、发动、动员下，以农村的谷场为聚会点，由一位或数位传道经验丰富、极其善于演说的牧师或传道人开展为期一天或数天的布道。这种布道的特点是人数集中，在短期内说服、感动听众，使得他们立刻归主，接受受洗，用基督教的话说，就是收割的稻谷（即信徒）多。[29]但是这种传教暴露出的问题是不言而喻的，它明显带有批量或大规模生产的色彩，往往只是注重暂时的传教果效，而不注意或无法做到属灵的长期培养，有意无意地忽略了属灵跟进，有欲速而不达的缺点。

这种经济上的边缘状况直接决定了这个家庭教会的物质要素。A 的所在地是只有三间土墙瓦顶、面积不足五十平米的私人房屋。这家主人只能够开辟出中间大约十二平米的堂屋作为主讲堂，堂屋的两厢分别为卧室和厨房，靠卧室一边，简单地加盖了一间厕所兼柴房的小屋，在靠厨房一边，加盖了一间大约只有八个平米的小屋，主要用于为来客提供临时性的住所。堂屋设施简单，正中间摆上一张旧木桌和一张旧长条板凳，这是讲道人坐的地方，两边分别只有一条长木凳，给听道人用的，平时聚会时，一般听道人要自己准备（自带和就近借用）一个小木四方凳。堂屋的正墙上贴着一张绘有十字架的宣传画，一般是由香港出版印刷的，在右下方挂着一套一般同样由香港出版印刷的年历，每页上面除了有日期之外，还有一段取自圣经的经文和简要的讲解，有的还配上一幅与经文相合的图画。在平时，这间堂屋则是这家人吃饭、会客的地方。在这个教会中凡识字的都有一本简体或繁体版的圣经（NIV 汉文版），都是由传道人从外地自己带回来的。在家庭教会成员的家中我们会发现一个有趣的现象：由于收音机具有价廉、一次购买长期使用、便于携带、不需文字阅读的优点，在家庭教会中已经普及，几乎家家或每个信

---

28 这种思想的灵感来自于：Alistair McFadyen: "Truth as Mission: the Christian Claim to Universal Truth in a Pluralist Public World", *Scottish Journal of Thoelogy*, Vol.46, pp.441.另外我们可以参阅 R. J .Neuhaus: *The Naked Public Square* (Grand Rapids, Eerdmans, 1984)。举例来说，在 1999 年圣诞节，一处家庭教会有上万人聚集，大家冒着零下八度的严寒在露天空地上聚会一整天，在传道人的福音性呼召之下，四、五百人愿意走上台接受基督为救主。

29 在某些情况下，由于受洗的人太多，施洗者只好用自来水或水浇撒新的信徒。这种场面常常是非常激动人心的。据笔者所知，海外传道人到农村家庭教会的时候，如果条件允许，他们常常愿意使用这种方式来传教。这种短（时间）快（以富有激情的讲演迅速感动人）型传教方式虽然事出有因，但是尚有许多地方值得反思。

众都有一台袖珍型收音机，他们一有时间就收听香港各种福音台的节目，每天按时收听广播电台的"空中圣经学校"与"空中神学院"节目的人很多。远东广播公司针对大陆缺乏合格的传道人而开设的、内容按正式神学院设计的广播函授课"良友圣经学院"对他们的影响最大。从以上的描绘来看，这个家庭教会的物质实施极其简单，偏小的屋子干净、整洁，给人以一种清爽、亲切的感觉。我们依此可以推断落后和偏远的农村家庭教会的物质基础实施方面的大致情况。另外，我们还可以看出，这个家庭教会受到香港方面的影响（其中包括空中电台和文字材料），海外和港澳台传教组织已经与这些家庭教会有长期、稳定的接触和交流。

## 公共政治与教会场所

　　像其他所有的家庭教会一样，由于自身的特殊的社会角色，Ａ 的场所只是基本上固定化。在大陆宗教政策相对宽松的时期，在这个比较落后的农村地区，如果要落实一个固定的聚会场所也并非什么难事。反之，在大陆宗教政策收紧的时期，聚会的场所则很难固定下来。但是，尽管在这种政治空气紧张的情况下，基督徒天然的宗教热情和中国传统的好客美德决定了用于主日崇拜的聚会地点还不至于走到没有的境地。只有在极端的情况下，例如在"文革"时期，基督徒的聚会点就要沿着一条从城市或城镇向边远的农村地区辐射的路线来定位，换言之，在这个时候，越是偏远的地方，越是安全的聚会地。这样就出现了一种独特的农村型传教模式：宗教开明时期，也是经济活动活跃的时候，聚会地由农村向城市或城镇延伸，反之，则向农村地区集中。换句话说，以政府的宗教政策为杠杆，杠杆两端分别为农村（尤其是边远山区和穷困地区）和城市或城镇，在开明时期，杠杆的重心偏中，农村和城市或城镇中的家庭教会的发展大致均衡，反之，杠杆的重心偏向城市或城镇，或者说政府加强宗教管理，而城市或城镇及其周边地区正在这种管理的控制范围之内，这里的家庭教会首先受到钳制，而政治权力的影响力难以波及到的广大农村则成为家庭教会的主体。在这种模式当中，农村家庭教会成为家庭教会的大本营、避难所和蓄水池。本章调查的家庭教会也受到这种模式的影响。当政治气候风平浪静时，这个家庭则以半公开的形式成为聚会点，人数稳中有升，反之，人数下降，大多数流向偏远的乡村。之所以采取"半公开的形式"，是因为直到目前为止，它尚不接受主流意识形态的规约，但是也从来不会与政府直接对立或对抗。也正是出于这一点，它就时时刻刻要求教徒要为众兄弟姊妹的生存安全考虑，应当严格持守秘密，特别是要防范社会闲杂人员的恣意骚扰以及政府宗教管理者、三自教会和社会治安管理人员的干预（其中也包括说服与谈判）。下面的调查问答就是关于家庭教会与政府和三自教会的关系的：

> 问：县政府也派牧师来，为什么要拒绝他们？他们是不是基督徒？

> 答：基督徒并不反对政府派来的牧师。但大多数（政府派来的）牧师不是基督徒，是以自己的文凭拿工资，并没有信仰。现在的神学毕业生，分配到各地，用自己的学历牧养教会，并不是有基督的生命。……基督徒原文是小基督的意思，没有基督生命的人，怎么能够牧养教会？教会是属天的，并不是属地的；教会是属神的，并不是哪个人的。应该说，任何人都不能够统治教会，教会是基督的身体。参看"弗 1：22—23"。教会是万有者充满的教会。只有神掌管教会。神怎么掌管地上的教会呢？是用他的话——圣经。今天政府派来的牧师，其中许多人不讲圣经，就是讲，他们有的时候否认神的能力和神性。例如，"约 6：5—14"讲"5 饼 2 鱼 5 千人吃"的神迹。他们说是孩童的奉献，说是众人被他感动都发现自己手中的饼，全部把自己所有的饼都拿出来，大家共吃，剩下的零碎装满 12 个篮子，并不是只有 5 饼 2 鱼，说这些人怎么能够用 5 饼 2 鱼吃饱还有剩余呢？他们这样讲是否认神的能力，更不相信耶稣是全能的神，只说他是个伟大的人而已。这引起众人的反对。……所以我们拒绝他们，因为他们不是基督徒。

从这种回答来看，家庭教会与三自教会的对立是极其明显的。问题的症结在于如何理解宗教主权和政治主权、宗教信仰与国家法律的关系。当前，政府制定了相关法律来监督规范教会，这就是说，政府在依法办事依法治教[30]。问题是，家庭教会不认同针对他们的法律规定。在这种意义上，家庭教会

---

[30] 自新中国成立以来（至 2000 年），有关宗教的立法主要有七项，分别为：（1）《中华人民共和国宪法》第三十六条。（2）《关于我国社会主义时期宗教问题的基本观点和基本政策》（中共中央 1982 年 "第 19 号文件"）。（3）《中共中央、国务院关于进一步做好宗教工作若干问题的通知》（中共中央 1991 年 "第 6 号文件"）。（4）《中共中央组织部关于妥善解决共产党员信仰宗教问题的通知》（1991 年）。

总是带有"地下"色彩，甚至有人直接将家庭教会称为多多少少带有贬义的
"地下教会"。但是，在特殊的政治时期，这个家庭教会就要完全转为"地
下"，以至于教徒也要向非教徒的家庭成员严守秘密，误解、猜疑、争吵就
几乎是不可避免的了，无论教徒如何以基督为榜样来时时刻刻地要求自己忍
耐，因为客观而外在的巨大压力，再加上因为保守信仰秘密造成的家庭内的
紧张关系，在这一时期，教徒所受的磨难也是最多和最深的。

A 除了与上述的宗教事务局以及三自教会之间关系紧张之外，它与其他
政治性组织的关系比较温和。实际上，A 的杂居性质决定了它既游离于地缘性
组织（如村庄和村落共同体）、血缘性组织（如宗族组织）和业缘性组织（企
业内部的工会等组织）之外，这些组织在这里不发挥影响，事实上也不存在
这种组织。尽管有乡村和企业的党组织、妇代会和共青团一类的政治性组织
成员生活在这里，但是由于企业倒闭，农村实行责任制，他们自顾不暇，这
些组织根本不再发挥作用，几乎可以说达到瘫痪状态。因此，A 与这些组织不
存在冲突，而且这些组织的成员中就有基督徒，加上其他现实的原因——社
会风气败坏、下岗后的艰难谋生以及基层组织的腐败等等，他们基本上经历
了一个由批判、阻挠到容忍、同情的态度转变。

## 固定的人数和流动的信徒

针对家庭教会的人数问题，接受笔者采访的家庭教会领袖介绍说："家
庭聚会的人数，不是一定的。在上个世纪七十年代，教会受到压迫，人数增
长快，人的信心大。直到八十年代，那时人的生活贫穷，生病无钱治疗，只
有祷告求神，人数比较多。直到九十年代，人数增长比较慢。改革开放以后，
许多人拼命赚钱，连聚会都不参加，因为没有时间。直到现在，教会人数发
展特别慢，老年人多，青年人都到世界上赚钱去了，这些人数都没有办法统
计。家庭聚会，没有人名册，流动性大，真是信仰自由。这个主日来，下个
主日不来。一般家庭聚会只有几十个人，所以三自会堂称家庭聚会为小教会，
他们是大教会。在农村来说，农忙时人数少，农闲时人数多一点。看来到二
十一世纪，人数好像是没有什么发展，只能够保持。"从上述来看，参加聚会

---

（5）《中华人民共和国境内外国人宗教活动管理规定》（中华人民共和国国务院令
第 144 号）（1994 年）。（6）《宗教活动场所管理条例》（中华人民共和国国务院令
第 145 号）（1994 年）。（7）《中华人民共和国境内外国人宗教活动管理规定实施
细则》（2000 年）。

的教徒数量也受到上述模式的影响。在政治宽松时期，人数不仅仅固定，而且会稳中有长，反之，城市家庭教会会转移到农村，农村家庭教会人数反而有增加的趋向，而且农村家庭教会也有可能会关门，教徒重新寻找能够安慰灵魂、滋养信仰、获得精神鼓励的聚会点，同时，也有可能为了便于保密而限制聚会人数。但是，由于这个家庭教会离作为一个地区政治、经济和文化中心的城镇有一定的空间距离，这样它的人数就能够基本上稳定下来。在政治紧张时期，这里反而有人数增加的趋势。但是，由于家庭聚会仅仅是在"家庭"里举行的聚会，受到家庭单位空间的限制，它的人数不得不常常受到这种外在条件的制约。所以，在宗教兴旺的时期，也会坐满了人，甚至在不下雨的时候，大门外也或站或坐着数十位慕道友和信徒。总的来说，这个教会的固定聚会人数在二十一五十人之间。大多数家庭教会的参加人数与家庭的空间大、小有关，通常大的家庭教会有六十人至八十人，超过一百人的较少。固定的人数不能够证明参加教会生活的人是固定的。家庭教会聚会人数的流动性受到以下几个因素的影响：（1）自然死亡，因为老年人多，这个因素尤为显得明显；（2）外出打工，周边富裕的生活的吸引和自身穷困的经济生活迫使一部分中青年离开教会，远走他乡；[31]（3）转到其他家庭教会，因为其他各种原因离开这个教会，参加其他教会的生活；（4）因为参加工作或做生意或农忙而暂时或永久性地离开这个教会；（5）其他，例如放弃信仰。在近二十年经济发展迅速时期，影响教会人数流动的主要因素是各种形式的外出谋生，而且，人数流动要快于前此的人数和人员都固定（双固定）的"文革"时期。当代社会正在加速的流动性特点似乎在确定一个宗教社会学法则：社会经济发展越快、越是流动，教会的双固定的可能性越小。事物的流动既有流出的一面，也有流入的一面。教会人员流入的一面就是教会增长。家庭教会的增长大致有如下三种情况：（1）自然增长：信徒透过福音教育，教导自己的亲属（特别是子女和配偶）认识圣经真理和相信耶稣[32]，使他们成为基督

---

31 重土安迁的中国农民基督徒之所以能够大胆地外出闯荡世界，其中既有改变穷苦生活的经济驱动要素，但是信仰也为他们的出走提供了支持：基督徒的国在天上，此岸世界只是他们暂时寓居的地方，因此家乡的观念并不十分强烈，实际上大多数基督徒父母积极鼓励子女外出谋生。另外这种四处流浪的打工是否与基督徒的传教使命相关，因为没有直接的调查资料，目前尚不能够下判断，但是可以肯定的是，既然基督徒要在世上作盐作光，世上也不局限于出生地，外出打工也就没有什么特别的反对理由。

32 参阅箴言 22：6。

徒。（2）转入增长：信徒因某种因素离开原居地，转到这个教会聚会，这个
家教会就多了一个会友。（3）悔改增长：一个不信的人听了福音之后，以信
心接受基督，并接受洗礼成为教友。[33]从农村家庭教会成员的实际信教的原因
来看，民众信教或悔改的动因大多数并不是出于灵性上的认识和体悟，而是
出于实用的要求。我们大致可以将信教的原因概括为如下三种。（1）祷告医
病：在教育水平较低和医疗设备较落后的地区，有的信徒（大多数自己也有
类似经历）在为病人祷告前，先要求患者及其家人悔改。待医病赶鬼成功之
后，患者及其家人以致所居住村镇的全部居民都会因此信奉基督。（2）游行
布道：有些信徒四处迁移逐乡探访，成为游行布道人[34]。由于这些信徒大多数
曾经历过各种患难和农村单调、贫困的生活，对乡土人情和民风民俗了如指
掌，他们的生命见证对村民能够产生极大的震撼力，这些布道者所到之处常
能吸引很多人信主。（3）信徒见证：信徒待人诚恳，充满喜乐，对人生有着
积极的态度和盼望的行为，这种乐观主义的人生价值取向能够直接而长期地
影响周围的人。[35]鉴于大多数乡村农民经济困难，——用他们的话说就是只能
够"将就"、"糊口"[36]，肉体痛苦，他们大多数没有进入社会保障系统，
一旦自己或家人遇到各种生活上的麻烦，家庭教会在物质与精神上的无
私、及时的帮助，特别是祷告治病，吸引了大批的民众，尤其是妇女和老年
人。这种信教的途径带有典型的实用主义成分和浓厚的功利主义味道：灵则
信，信则灵。是否灵验成为信教的一个重要的检验尺度。这种尺度不仅仅影
响未信教的人，对不少信教的人也是如此，他们见证中的不少内容都与此相
关。

## 知识上的双重态度及其转向

这个农村家庭教会的成员结构在四十多年的风风雨雨中有一定的变化。

---

33 悔改增长还有特别的情况即"群众悔改"或"众多的个别决志"。在一些乡村，
如果村长信教，他或她的行动很容易影响到整个乡村都信教，这样群众以集体的
方式信教的情况，被称为"群众悔改"，而群众的信教也是经过各人的个人决志，
因此它也可以被称为"众多的个别决志"。

34 这种游行布道人和中国传统中的游行僧人、游行道人在文化上有何异同之处尚值
得挖掘、比较和研究。

35 《大陆信徒如何信主？》，载于"神州情"（Christian Communications Connected）
网站（www.ccconnected.org）。无作者署名。

36 类似的还有"马马虎虎"、"凑合"，其意思都是说生活水平低下，只能够维持
生计。

在新时期之前，主要的聚会者几乎是清一色的已婚的妇女和老年人，在改革开放以后，中青年人数开始增加，但是占据主要的仍然是前者。聚会的教徒25％以上是文盲，而这些人又是以前者为主。为数不多的中青年基本上接受过小学或初中教育，因为他们识字多，能够阅读圣经和相关的宗教读物，他们记性好，所以他们反倒成了这个小教会的讲道人。知识在教会内部发挥作用以及知识在当代社会中不言而喻的作用渐渐地改变了这个家庭教会对待知识的双重态度。在过去相当长的一段时间内，如下对待知识的双重态度占据主导地位：对这些基督徒来说，因为唯独因信称义，知识不是信仰的尺度，更不是基督末日审判的依据，基督徒凭借信心而享受天国之乐，所以基督徒没有必要一定要有文化知识；但是，对于非基督徒，他们则以积极和乐观的态度鼓励、支持他们求学，认为读书能够改变人生的世俗处境，而且学而优则仕则商则文都是神所允许的，也是神的恩赐。这个家庭教会的成员过去在知识上的这种看法体现出的矛盾心态最明显不过地表明他们尚未有意识地调整信仰上的得救与世俗社会生活的改善之间的关系。他们以一种无可奈何的近乎禁欲主义的态度来对待自己和自己家人落后贫困的生活处境。这带来的一个长期才能显现出来的结果是：自己和自己信教的家人的文化落后，无法改变现实生活中的地位，而过重的肉体苦难反而强化了原先的看法。物质匮乏以及由此带来的肉体上的痛苦、灵性丰富三者交织在一起形成了独特的人格特征：既乐观地在苦难的生活中不懈地努力和挣扎，又因为宗教道德约束和缺乏知识，在尚未规范法、法制化的经济大潮中他们几乎没有出头之日，对此他们抱有一种平和的态度，有时又有以信仰来掩盖、回避进取的消极无为的命定论倾向。在这个家庭教会中几代人都不识字或没有文化人的现象也就理所当然了。目前他们的这种带有分裂色彩的态度开始改变，越来越重视子女的教育和自己的属灵知识上的提高。这意味着一个现代化社会所必须的技术知识已经成为他们认可和可以甚至是必须接受的对象。这也说明家庭教会也注意到，要将福音世世代代传递下去，信徒的知识和年龄结构要有根本性的调整。就整个大环境来说，中国公民的文化教育水平在不断地提高，家庭教会成员如果没有一定的文化知识，不仅仅无法改变自己的经济处境，也不能够向有文化的中青年人传教。目前农村家庭教会的知识需求在极大地增长。举例来说，某些家庭教会开始儿童主日学师资训练、教会音乐培训，同时开始开设专课与专题，其中的课目有：释经学、系统神学、教牧学、宣教

学（或布道法）、教会增长学、护教学（或异端辨别学）、基督教伦理学、辅
导学、教义神学、教会历史、中国教会现代史、讲道学、两约之间、旧约概
论、新约概论、基督化家庭（包括婚姻观、理财观、专业观以及如何教育子
女等）、门徒训练等。甚至有的教会开设神学硕士班，在少数家庭教会中产生
出了一些具有高学历的同工（大专毕生）以及三自神学院毕业的同工（他们
已经退出三自教会，参加了家庭教会事奉行列）。这种知识上的需求增长意味
着农村家庭教会的未来发展趋势是从聚会型教会过渡到教堂型教会，这种转
型将也是个长期、复杂、艰巨的过程，而且城市家庭教会的转型可能会比农
村家庭教会要早、要快。其中我们还要注意到，家庭教会的秘密办学则是另
外一种对待知识的双重态度：拒绝三自教会提供的知识教育机会，但是要求
甚至是渴求提高自身的世俗知识，特别是宗教知识上的水平。这也反映出他
们拒不参加三自教会的信仰立场和反"双轨路线"（支持家庭教会又支持三
自教会）的倾向，说明两者不仅仅在教义上有差别，而且这种种差别还要贯
彻到宗教教育上。

单单从 A 信徒来看，他们认识到知识在教会中的一个作用——从中国本
土文化理解圣经，A 的领袖如下中国本土味甚浓的解经对话说明他们不仅仅
重视知识，而且试图运用本土知识诠释基督教的教义。

问：您认为简体字好不好？例如，简体"爱"字没有繁体
"愛"字好，因为简体"爱"字没有"心"。是不是可以说繁体字
有问题？

答：论到现代语言字体，因我是无学问的小民，对这方面是一
无所知，不过中国的文学很重要，文字里就有神学在里面，你说到
爱字，里面缺少心，现在的人哪有从心里去爱人。例如，船是舟字
旁，是在"创 6：12－16"，是神对挪亚说，凡有血气的人都败坏
了行为，叫他造一只方舟躲避洪水，后来只他一家几口人进入方
舟，"彼前 3：20"说，不信挪亚的话，不进入方舟，就被洪水灭
了。除了中国文字"船"，还有"福"字。什么人才是真正有福？
"福"字的右边是由"一口田"组成，说一个人在一块田里。这田
见"创 2：8"。一口人在田里与神在一起，才是真正的福。平安的
"安"就是说在家中有一女就是平安。"爱"有三个部分组成，上
半部分代表三位一体的神。中间部分表示区分，就是说，神在上

面，人在家下面；下半部分由"心"和"友"组成，人从心里友对（以朋友的关系对待）天上的三位一体神，这样就组成了繁体字的"愛"字，人对神的爱。现在都是简体，失去真正的意义。不过，中国文字有几次改革，现代的圣经也是简体字。本来的圣经翻译与原文有不妥的地方。例如"马太 2"中的东方博士，原文是指星相家。但是并不是说，文字上有什么问题；乃是说文字中的涵义实在地重要。

## 两种家庭及其矛盾

问：在教会里母子叫姐弟，在社会上母子就是母子。这样做妥当吗？您怎么看待这个现象？

答：基督徒在教会里彼此称为兄弟姊妹，这是属灵属天的称呼，与在社会上不同，一个人信主以后，成为神的儿女。因为是神儿女的地位，才称为属天的兄弟姊妹。在肉身来说，还是父子关系或母女关系，这与属灵的关系是两回事情。一个是讲人的地位，一个是讲神儿女的地位。在"太 12：46—50"中，耶稣讲到肉身与属灵的关系。实际说来，他是童贞女所生，并不是约瑟的儿子，他不是人儿子，是天父的独生子。另外，"约 3：16"说，今天凡信耶稣的人，都是神的儿子，就是他里面有基督生命的人。"约一 5：10—12"说，教会是属天的。但是人今天在地上，还是有属地的称呼。"约一 2：12—13"说，在主里面也有少年人，也有称父老的。这是讲年纪与生命上的大小。约翰对他们的称呼并不是如世上的人所说的那样，不尊重长辈。

在家庭教会的人员组成中，有一个现象特别引人注意：家庭教会的大多数成员除了是邻里，就是某一个家庭的成员。这既反映出家庭教会的传教对象首先选择的是具有血缘关系的自己家庭的成员，也实证地说明了传教的"就近"原则。他们为这种做法提供的理由是：爱人就要将最好的礼物给他们，天国的喜讯无疑是世界上最美好的礼物，所以我们首先要将它送给自己的亲朋加好友。这样做的结果是建立在血缘关系之上的世俗社会家庭逐渐转变为以信仰为根基的基督化家庭。一方面，世俗家庭的福音化给现实的家庭生活带来许多福乐，其中最为显著的是约束了社会不良现象，譬如，婚外情、赌博、抽烟酗酒等等，大多数基督徒家庭生活非常稳定、纯洁就是证明；另一方面，中国传统特别强调的某些观念（如尊卑名份观念）受到冲击。举例来说，在教会中教徒不分长幼皆以兄弟姊妹相称，这样就消除了世俗社会对长幼秩序的规定。家庭教会是如何解释这个问题的呢？难道在教会生活中母子要以姐弟相称，在教会生活之外仍然要以母子相待？如何调节这种身份上的两分问题？如果基督徒的使命是圣化世俗生活，将基督教的价值和意义赋予这个世界，那么为什么会出现上述自相矛盾的做法呢？难道一定要等到全世界都已经基督化了，才不再有这种两难？

## 传统礼俗的废与存

问：在中国传统节日中，春节是摆在第一位的。春节的本意是欢庆春神的来临，现在春节主要是用来表达人们欢迎春天的喜悦心情的，另外就是全家团聚的大好日子。贴春联也是为了图个喜庆。这个节日与偶像毫无关系，那么，为什么您要反对贴春联呢？基督徒在过圣诞节时不也是挂灯结彩、贴各种与圣诞节有关的东西吗？

答：春节是中国传统节日。在以前的时代贴的是人像，后期改为贴春联。基督徒并不反对贴春联。有些人不贴。并不是反对别人，乃是（因为它属于）外面的东西（即世俗的事物），（在世俗生活中）不贴的人少、贴的人多。安际来说，贴春联是与偶像无关的。在"出12：1－14"，是以色列人出埃及，神用十灾刑罚埃及人，最后一灾灭埃及一切头生的，凡是门框和门楣上有血作记号的，神看见有血就越过他们免去这灾，作为他们世世代代永远的定例。

关于圣诞节，它是从天主教产生出来的，12 月 25 日是日神教节日，后期天主教把它拿过来作为圣诞节日，实际在圣经上没有记载主是哪一天降生的，更没有人或先知给他做生日，今天基督教圣诞节是天主教的遗传。详看教会历史。公元一世纪教会诞生，二到三世纪，它受当时罗马帝国十次大逼迫，四到五世纪教会是与世界政权联合，当时帝国之君君士但丁王相信基督，开放基督教会，一直到五世纪，就是天主教掌权，教皇（即教宗。——作者）有特别权威，代表神权，管理教权，治理国权，凡受罗马统治的君王一律以教皇说话为准，包括君主婚姻。直到 1517 年，马丁·路德兴

起，推翻罗马天主教教权和政权，从今以后恢复基督教。不过有很
多东西还是天主教遗留下来的，如圣诞节，复活节，实际圣经上没
有。我们不过这两样节日是以圣经为主，可以参阅"提后 3：16"。
圣经都是神暗示（即默示。——作者）的。但过春节贴春联是可以
的。

就中国最重要的春节而言，以及就基督教中的重要节日圣诞节和复活节，
家庭教会所采取的态度完全不同。它依据圣经来作出自己的取舍。就春节而
言，家庭教会以旧约中的第一个逾越节故事来为中国春节贴春联提供合法性
依据。这实际上是一种汉语处境中的解经。这种解经将贴春联转变成为一种
合乎基督教的实践。笔者在调查中发现，家庭教会已经形成自己的春联神学
与实践。这一点可以从家庭教会每年自己创造性地创作和制作的春联中获得
大量的第一手材料。但是，对于罗马天主教所建立的圣诞节与复活节，家庭
教会所采取的态度与之形成鲜明的对比。家庭教会依然依据圣经，并从字句
上理解圣诞节与复活节的依据，导致的结论就是：圣经中有圣诞和复活，但
是的确没有圣诞节和复活节。由此，家庭教会采取极端的否定立场，不庆祝
圣诞"节"和复活"节"，但是，庆祝"圣诞"和"复活"。但是，有一点
特别值得反思的是，春节在获得圣经支持之后继续为处于世俗社会之中的教
会所接纳。

## 人生大事中的伦理纲常

问：如何看待离婚？特别是基督徒的离婚？

答：基督徒的婚姻是非常重要的事情，不是随便离婚，男女之
间都是如此。"太 19：3—9"说，当主耶稣在世时候，法利赛人是
犹太教中严谨的教派，他们试探耶稣，认为无论什么事情都可以离
婚。主耶稣给他们的回答还是按照创世记中神的话来说的，说夫妻
不是两个人，乃是一体，神所配合的，人不可分开。旧约中的摩西
与神立约，律法中有休书离婚。耶稣说是因为当时的以色列人心硬，
但是起初不是这样，离婚另娶女人是犯奸淫，女人另嫁也是犯奸淫。
一个人一生中只有一男一女，就是再嫁或娶，只在有一方死去，才
不是犯罪。"林前 7：39"、"罗 7：1—3"说，必须死了一方，另
一方才是自由人，可以随意嫁娶。

问：您亲戚的夫人不孕，他的家族也没有男性孙子，所以他很在意这个香火问题。是不是这个原因他才多次提出离婚？

答：妇人生子立后、家族子孙兴旺是中国人传统的旧习惯。香火是迷信，不是基督徒相信的。不能够生育是生理上有病，例如，×××不生育是她小时候生过淋巴结核，引起子宫结合，输卵管阻塞，引起不孕，并不是什么香火问题。因为无后，男方也是基督徒，多次提出离婚是不对的，不是基督徒所该做的。可以参看"太 19：3－6"，神说，神所配合的，人不可分开。

关于男性子孙，现今时代讲计划生育，一对夫妇只能生一子女，不管是男是女。假如生一女孩，又如何解释？又都生男孩，又怎么办？今天的农村也很普遍不注重这种问题，所以为这种事情离婚的人很少。基督教是更不应该有这种情况，特别是离婚，是违反圣经的。

问：为什么基督徒不披麻戴孝？这种做法是不是一种不孝呢？披麻戴孝仅仅是表达哀思，与偶像崇拜没有关系，为什么要彻底拒绝呢？如何为去世的基督徒举行葬礼？

答：基督徒为什么不披麻戴孝？你说（这种做法）与偶像崇拜没有关系。事实上与偶像有关。在"出 20：1－17"十诫中有一诫，是在 5 节，说不可跪拜那些像。在现在不但向死了的人跪拜，还要向所有来的人下礼。一个基督徒不能向人拜，更何况死了的人，只有向天上神跪拜。

现在中国人对父母活着的时候不孝敬，反而死后大搞热闹，设灵堂，搞迷信，请道士、"佛教"（做佛事），这是得罪天上神，所以基督教彻底拒绝，并不是对上人（指长辈）不孝。

基督徒刚过世，为他开一个葬礼会，家中所有亲人达去，部分基督教徒也参加，主要是以传福音为主，讲到人生短暂，人的肉身虽然"死了"，（但是，灵魂不灭）。"死了"的原文在希腊文中指"睡了"，参看"约 1：22－27"。耶稣说，信我的人，虽然死了，也必复活。参见"林前 15：19－22，35－53"。今天我们信主的人虽然死了，一定能复活，因为这是作了睡了元人初熟果子，也就是说，主是死了三天，他是第一个人从死里复活，作了人类的榜样，葬礼聚会是主要为传福音，叫别人信耶稣，死了还能复活。

家庭教会的信徒所要面对的主要还是日常生活以及维系这种生活的伦理纲常。在这个方面，家庭教会所遇到的挑战极为艰巨，所遇到的问题也最为繁复，几乎涉及到日常生活的各个环节。在这个领域，家庭教会所需要做的工作是要重新解释和实践中国传统的道德观念，使之能够与现代社会相适应，更与自身的宗教信仰不相互冲突。婚姻、生育和丧葬事实上成为中国人的人生大事。家庭教会作为在人间的基督身体必定要每日应对这类习俗及其背后的道德观念。家庭教会在这个方面依然以圣经为本、以灵魂得救为目标来认识和实践作为旅途的人生大事。具体而言，家庭教会坚持教会传统，反对离婚（特殊情况例外，例如婚姻一方离弃另外一方；婚姻一方犯下淫乱罪如包二奶，另外一方可以提出民事离婚要求），有力地抵制和反击当代中国居高不下的离婚潮。家庭教会也反对重男轻女、无后为大等在中国社会中根深蒂固的思想，认为男女平等、人的幸福不在乎今世的儿孙满堂而在于成为天国的儿女，并特别主张薄葬，反对厚葬和"死前不孝死后孝"的现象。这些观念和实践既合乎圣经的要求，又与现代社会文明相适应。

## 现代技术

问：如果说万事借着神而被造，医生、医疗的技术不也是神赐的吗？基督也通过给人治病来传播福音，那么，为什么您要有病不医治呢？您认为牧师有治病的恩赐吗？

答：基督徒去医院治病是可以的。正如你说，主耶稣来到世上给许多人治病。他在圣经中讲过，见"可 2：17"。有病的人才用得着看医生。基督徒并不反对治病。现代人岁数普遍提高，也是因为现在医学发达。

不过还要看什么情况。在福音刚到的地方，有许多奇事神迹。在（19）79 年，马钢（马鞍山钢铁公司）有个姓谢的，鬼在她身上八年，她是武疯，力气特别大。她丈夫是马钢食堂经理。当时形势很不好。她丈夫和哥哥非常反对（信教）。不过，在没有办法的情况下，把她交给了我们。我们没有办法，只有为她禁食祷告，几天后她清醒过来，鬼从她身上出去了。

八几年，有个姓朱的姑娘患了肝腹水，在芜湖野鸡山医院透视
确诊，叫她回来等死，家住荻港。我们去看她，已经不能吃什么，
肚子像怀孕一样很大。当时她和我们一起到教会，众人为她祷告，
七天后，她肚子就小了。后来不但好了，还与一位基督徒结婚，生
了一个儿子，已经 13 岁了。他们一家非常快乐。不能说神的能力没
有，要看在什么情况下。也并不是说神特别赐给牧师有这恩赐。这
要看神的能力在什么人身上彰显，特别是为传福音者，使人相信宇
宙间有一位又真又活的神，行出超自然的能力。医生只能治病，生
命在神手中，因为人是神造的。医生治不好所有的病，不能够彰显
神的大能。基督徒不反对治病，就是自己有病也要去找医生。

问：您赞成大家看电视吗？为什么？

答：基督徒不是不看电视，现在的人都普遍看电视，特别是新
闻联播，知道国家形势，天气预报和科技博览，可以掌握一些技术
信息。家家户户都有电视，但是各人的喜好不同，看的人多少有一
些好处。例如有一个栏目是叫田野风，专门面向农村，讲各种科技，
引导人致富，对农村没有文化的人很有好处。

问：如何看待人工流产、同性恋与克隆技术？

答：现代的克隆技术、人工流产等，在圣经上没有明确的说明。
在目前的社会上实行计划生育，少生优生，作为一个国家的公民，
就必须遵行国家的政策。关于同性恋，圣经有记载。"罗 1：27"、
"林前 6：9"两处告诉我们，同性恋是神所憎恶的。教会里面更是
不许可，属不义的人。当时神造人是造男造女，二人成为一体。神
为什么只造亚当和夏娃？目的是得虔诚的后裔。所以同性恋是神所
不许可的，违背神创造的次序。

与上文提及的反智主义主流趋向似乎存在矛盾的是，家庭教会日益开始
接纳现代技术的存在和使用。家庭教会从圣经出发，不抵触现代医学、现代
通讯设备与高科技。这个方面说明中国新教的家庭教会开始逐步出现从一个
封闭的农村型教会开始向开放的现代城镇型教会转型的趋势。这就意味着，
不论是乡村教会，还是城镇教会，都不得不接受现代技术对日常生活的影响，
由此而由最初的抵制和否定转向逐步的认可与肯定。

## 结语　两俗、家庭教会及其未来

从上述材料来看，我们可以大致上将这个家庭教会的世俗生活分为两个部分：内在的世俗生活和外在的世俗生活。前者指的是家庭教会为应对世俗的礼仪、习俗、道德要求而作出的自我调整，其中包括教义、宗教仪式、组织和教徒群体关系，后者指的是基督徒在日常社会生活中从宗教信仰出发对世俗生活中凸现出的问题从朴素的理论观点和具体的实践两个方面给出自己的回应，其中涉及到医疗、传统节日、计划生育、现代媒体等等。当然从基督教立场来看不存在这种内外之分，基督徒的生活应当是统一的。但是，"应当"毕竟还只是一种价值和信仰上的可能性和期许，而不等同于当下的现实，因此，在我们从学理上将基督徒的生活分为两种形式的时候，这种做法仍然不缺乏一定的现实依据。

上文通过第一手的调查资料从多个方面描述了当代中国新教家庭教会在面对自己身处其中的世俗化大潮上所表现出来的部分特点。在当代中国语境中，家庭教会所要处理的世俗化问题具有自身的独特性。

首先，家庭教会至今尚未获得机会登记，其中的关键问题在于中国大陆目前的政教关系问题尚未得到明确的解扣。对于欧美而言，政教分离原则构成现代世俗社会的基本原则。相对而言，中国政府目前所关注的是，新教的家庭教会要归入官方的三自教会；家庭教会所要追问的是："谁是教会的头——基督或政府？"家庭教会认为三自教会因为以政府为头，所以不是教会。在此，家庭教会还从中国教会历史经验出发，认为三自教会成为政治的附庸，它的根基极不稳固，也必定在政治风雨中沉浮，例如在"文革"中被彻底取缔。家庭教会强调家庭教会的非政治性或宗教性。而中国政府从自身具有特色的一元化治理制度出发，要求家庭教会归入三自教会，而三自教会接受政府治理。这里的问题在于，在当今中国处境中，家庭教会与政府之间各自强调教会的神学或世俗属性，导致彼此之间无法进行实质性的对话与交流。实际上，家庭教会一方面具有宗教性，政府理当保持尊重或至少不加以干涉，另一方面，家庭教会具有政治性，即它本身也是社会组织，要接受政府的管理。所以，归入三自是一个外在问题，问题的根本在于：双方之间应保持何种关系才是双方都可以接受的？对于政府所强调的宗教与社会主义制度相适应的具体要求，家庭教会应如何理解和回应？

其次，中国新教的家庭教会要从自身的文化处境出发处理自己身处其中的民俗与世俗问题。基督教的宗教信仰与中国文化之间的关系是中国本色化神学建设始终关心的问题，从景教到利玛窦，从二十世纪二十年代的本色化神学讨论到今天三自教会发起的中国基督教神学思想建设、学术界提出的汉语神学，中国本色化神学一直处在努力探索过程当中，可以说直到今天也未能完成。家庭教会在二十一世纪的重大使命之一是继续如基督教早期历史上的教父一样，不断在内部建设自己的神学来回应各种内外危机，与此同时要回应出现于内部以及活跃于外部的"**两俗**"挑战。在二十一世纪初，民俗随着国学的复兴，世俗随着国家的强大，向家庭教会发起的进攻既是长期和持久的，也是非常内在和深入骨髓的。对于尚处于生长期的中国大陆的新教家庭教会，对此问题的把握之深浅关乎到自身的未来走向。

# 附录　欧美学人访谈录

## 一、宋泉盛教授关于亚洲神学的访谈录

### （一）亚洲神学刍议：文化中的神的足音

时间：2005 年 4 月 18 日下午 4：00－6：00

地点：美国加州柏克莱太平洋宗教学院（Pacific School of Religion, PSR）

问：目前大陆的学术研究出现一股神学思想建设的潮流或趋向，其中以三自教会的丁光训主教提出的"神学思想建设"以及由现在中山大学的刘小枫教授倡导、现在中国人民大学的何光沪教授等正在探索的"汉语神学"为主。无论是出于教会，还是出于学术界本身，这种在汉语语境中的神学建设都避免不了将欧美神学和中国传统文化联结起来，形成一种颇具特色的神学思想或流派。您以亚洲神学研究闻名于汉语－英语学术界，并有几十年的探索，成为亚洲神学的重要代表人物，在个人治学经验上必定有许多值得我们借鉴的地方。

答：我年少时曾游学于爱丁堡大学、纽约协和神学院、巴塞尔大学等欧美高等学府，后又在台湾和美国从教，曾经做过台南神学院的院长。这种中西求学、治学的经验告诉我，因为文化背景上的差异，异质文化不可能平行地移植到另一种文化语境之中，或者说，在移植过程之中不可能不发生一定的变异和更新。例如，德国的神学思想发达，但它具有浓厚的基督教传统语境，而中国文化深刻地受到儒释道三教的影响。这种文化背景上的差异决定了我们在汉语语境之中移植外来的（主要为欧美的）基督教神学思想的时候，

不得不接受变异或更新的事实，也不得不经历这样一个过程。

问：大陆目前的汉语神学建设，从整体上来说，是在"复述"西方的基督教神学。这里的"复述"包括西方基督教神学著作的翻译、神学思想的介绍和评价。近十几年在这方面大陆做了一些工作。但是，仅仅在这方面我们的水平依然非常低。就学术领域来说，当前的困境在于大陆汉语神学建设缺乏教会经验，或者说缺乏现实的民间土壤，表现出有"神学"而无"汉语"的尴尬局面，而三自教会的神学思想建设本身因为水平上的局限以及影响范围的局促，亦未开出新的气象，即打通中西文化，形成真正本色化的汉语神学，表现出有"汉语"而无"神学"的困境。

答：从教会史以及个人研究经验来看，福音传入一种文化之中，一般要经历一个从"移植"到"消化"的过程。这就好比将一朵化移栽到另外一块土地上，因为不可能全盘移栽，全盘西化在方法论上是一种错误，实际上也根本不存在，所以，移栽的过程必然要出现"换土"的阶段，即要将"福音之花"和"中国文化之土"结合。这种结合就涉及到消化在异质文化之中成长出来的基督教神学思想。在中国教会史上，在"福音换土方法论"上，我们有着一定的历史和现实经验，其中较为有影响的方法论可归为三种：1、全盘移植，即将西方已经成熟的神学思想直接移植到中国语境之中；2、移儒入耶，其中以明代的利玛窦为典型，但是后来因为"中国礼仪之争"而中断，现代以降的中国基督徒如赵紫宸[1]等试图探索出中国本色化的神学，但是由于

---

1　赵紫宸（1888－1979年）：中国著名基督教神学家。生于浙江省。1910年在苏州东吴大学毕业，1917年先后获得美国范德比尔大学文学硕士及神学学士学位，1927年又获文学博士学位，1947年被普林斯顿大学授予神学博士学位。1917年自美归国后在东吴大学执教，1926年去燕京大学任教。1928至1952年除间或在圣公会教堂牧会外，一直是燕京大学宗教学院院长。1942年太平洋战争爆发后，因不同日军合作，被囚禁半年余。1952年燕京协和神学院成立后，被聘为研究教授。1948年在荷兰阿姆斯特丹举行的世界基督教协进会成立大会上，被选举为六位主席之一。1950年美国发动朝鲜战争后，世界基督教协进会指责北朝鲜为侵略者，赵因世界基督教协进会立场偏袒，辞去该会主席之职。1949年新中国建国时，即以宗教界代表身份参加中国人民政治协商会议。1950年中国基督教三自爱国运动发起时，为《中国基督教在新中国建设努力的途径》（通称《三自宣言》）的发起者之一。1954及1960年的中国基督教第一、第二届全国会议上，都被选为常委。著述颇多，著名的有《基督教进解》、《巴特的宗教思想》、《耶稣传》、《圣保罗传》等，英文著述有 Our Cultural Heritage, Present Day Religious 等。另参见本书第25页注释92。

种种原因而未果。3、将福音与亚洲处境相结合。如果说第一种方法论的缺陷在于单向地将西方基督教神学强加给中国文化，第二种方法是以中国文化来补充西方基督教神学之不足，这两者都存在形而上的西方中心主义的偏颇，那么，第三种方法则试图强调福音和（中国以及亚洲）文化之间的互动关系，认识到在福音与文化处境之间不仅存在着福音改造文化的一面，也存在着文化改变福音的另一面。以此来看，莱因霍尔德·尼布尔（1892－1971 年）在《基督与文化》[2]一书中提出的较为有影响的"福音改造文化"的模式仍然存在着问题，即仅仅单向地凸出福音对于文化的改变，而未凸现出这种改变本身的另外一个反方向。例如，基督徒或基督教神学家会从自属的文化处境之中生发出新的问题，并回到福音，从中发现新的福音信息。这就是文化对福音的反动。因此，文化和福音之间的关系既非常复杂，也尤其表现为一种互动的关系。

问：根据学界的一般看法，中国文化传统有精英传统和民间传统之分别。当前大陆的神学建设本身，在我的观察看来，更多地属于精英阶层的自我意识的产物。这在很大程度上决定了当前的这种神学建设本身并未触及当前的民间文化和信仰处境，并由此引发出各种或隐或显的问题。

答：文化的更新力量来自于文化内部。即使是在外力推动之下促动的文化更新最后还必须依赖于其内部的觉醒和自发的革新。在中国教会史上，利玛窦采取上层的传教策略，即寄希望于改变社会上层文化来改造中国整个社会的文化生态，实际上并未取得成功。在一种文化传统之中，能够延续下来并保持活力的部分是百姓日常人伦之中常出于口、常记于心的东西。这种百姓喜闻乐见的东西最典型地体现在民间文化之中。真正地说来，民间文化才是福音最持久、最艰难的机遇和挑战。

问：的确，民间文化对基督徒的影响最为直接、持久和深刻。精英文化对于百姓来说总是间接、遥远，甚至是不关自己的，而民间文化与之相反。我个人在温州基督教的调查之中，非常震惊地发现，对具有"中国的耶路撒冷"之称的温州基督徒影响最为持久的依然是温州这块土地上的民间文化。例如，在丧葬礼仪上，中国传统注重厚葬，这在当代温州社会之中突出地体现在"椅子坟"现象上。我拍摄了许多基督徒椅子坟的照片，除了在碑文上

---

2 参阅尼布尔（R. H. Niebuhr）：《基督与文化》，台湾：东南亚神学协会，1979 年。

体现出基督徒的身份特征之外，其余与非基督徒并没有什么实质性的差别：造价昂贵，几万至几十万人民币不等；墓基选择在中国传统认为的风水宝地上，一般坐落在山丘的半山腰，面南朝北，周围四处树木繁茂；与家族亲属同葬。这种做法既浪费资源、破坏环境，也不合乎基督教的基本信仰，即破除偶像、死后等待基督复临后的肉身复活和审判。但是，牧师们并不敢于直接提出批判，他们担心批判会导致基督徒不再参加教会生活。

答：这个现象说明，福音在中国社会之中面临的问题主要出现在民间文化之中。我们不能离开民间文化来谈论福音。而民间文化之中最为久远、影响最为深刻的文学样式就是神话传说。神话传说蕴涵了某种文化的内核和源初形态。神话传说是人类祖先对神、人和世界三维关系的思考，是他们从自身的生活处境之中以自己的认识水平对这种关系的回答。福音与民间神话传说相互结合就生出"故事神学"（Story Theology）。

问：但是，故事脱离不了它自身的人文性、民间性的特色，而福音具有神本性、神圣性，两者之间的悬殊太大。

答：所以，有学者将"故事神学"改名为"叙事神学"（Narrative Theology）。这样在名称上显得对称。但是实质并没有什么差别。

问：叙事神学强调从语言入手解决福音与文化的张力。但是，中国的神话传说之中并没有犹太－基督教传统中的神，更加不会出现基督了。那么，中国的文化如何可能与福音结合呢？

答：这就是亚洲神学的一个关键点。叙事神学从语言（神话传说）进入文化的殿堂。我们对文化的了解是借着语言并在语言之中进行的。正如海德格尔（M. Heidegger，1889－1976 年）所言的，语言是存在的家园。亚洲神学的一个基本点就是认为，在各种以语言方式表现出来的文化之中，我们都能够"倾听"到"神的足音"。

问：这里面隐藏着一个问题，即您预设了"一切文化或语言之中都有神的足音或福音"这样一个前提。如果离开了这个前提，您的亚洲神学就不会存在或不能够成立。

答：布尔特曼（Rudolf Karl Bultmman，1884－1976 年）认为，没有预设就没有阐述。就像一切的数学、物理学体系建立在预设之上一样，亚洲神学也离不开预设前提，它的预设就是"一切文化都有神的足音。"

问：既然亚洲神学是一种神学，那么就必定不能游离于圣经之外。上述预设是否具有圣经依据？

答：这里的圣经依据就是基督教的创世论。神创造宇宙，神用话语创造世界，并将神的声音留在各种文化之中。而人在神的"创造－再创造"活动过程之中不断地倾听到神的声音。神并不是一次性地完成创造之工就袖手旁观，如自然神论者所认为的那样，而是持续创造世界。神不仅创造了神人关系，而且会持续地创造、护佑这种关系。

问：这种神学是否有一定的生活经验作为现实的基础？

答：这种经验非常普遍。例如，我在台湾曾遇见过一位佛教徒，她的儿子被杀害，法庭裁决杀人犯死刑，但是这位佛教徒怀着杀子之痛为这位杀人犯求情。她为什么会如此呢？因为她认为，她的儿子已经死了，死了就不能够复生，如果再处决这位杀人犯，那么就又失去一条生命。这种爱护生命、尊重生命的宽恕思想就是神的足音。亚洲神学虽然以上述预设为理论前提，但是并不脱离于现实的活生生的生活本身。亚洲神学就是以从中国自身的文化处境中生长出来的问题来反思神学，反过来神学问题也有助于我们重新反思中国文化问题本身。

问：在您的代表作之一《孟姜女的眼泪》之中，您从神话传说"孟姜女哭长城"进行神学反思。由此认为中国民间故事之中包含着政治神学，其中所包含的政治神学比许多"基督教的"政治神学要更加本真、有力、撕心裂肺、打动人心。"孟姜女哭长城"背后的政治神学就是真正的基督教的政治神学，或者说，基督教的政治神学就是一种"民间"政治神学（"Folk" Political Theology），即人民的政治神学，也就是耶稣基督的政治神学，即与民同甘苦的神学（the theology of living with people）。[3]这种政治神学与以秦始皇为象征的帝王将相的政治神学截然不同。后者是将百姓视为草芥的神学，其神祇是国家权力。这种解读的确为我们打开了一个重要的缺口，即基督教本身就存在于中国文化之中，在这种意义上，中国文化史就是一部基督教思想史。

答：亚洲神学就是从具体的百姓生活来从事神学建设。神话传说来自于

---

3 C. S. Song: *The Tears of Lady Meng: A Parable of People's Political Theology* (Ohio: First Academic Renewal Press, 2003 ), P.29－30.

民间，也生存于民间之中。这种"民间定位"就是从人类的具体处境来回应神学问题。在人伦生活之中，人类面临的问题归根结底就是"生死大事"。面对生死，一切的体系化的、抽象的神学理论都显得苍白无力，甚至是多余的。我现在正在思考这个大事。当我面对一个即将死亡的人，我能够做的不是宣讲一套神学理论，而是与她或他共同度过此生最后的时光，是握住她或他的手，以身同感受（compassion）或同情——词源学上的含义是"共同受苦"——来表达福音的临在。亚洲神学本身的立足点就是日常人伦，其立场就是受苦的百姓、弱势群体，而这种神学在教会实践上就是以爱与怜悯来作为宣教的核心。

问：这种神学在圣经中更多地透过希伯来先知表达出来，先知宣告的主题就是雅威（YHWH）是一位以公正和公义待人的神。

答：亚洲神学是以圣经为基础的。但亚洲神学是透过耶稣来看希伯来圣经的先知神学的。

问：亚洲神学与汉语语境有着适应的关系。中国文化的主流是不重视逻辑的，也不善于建构黑格尔式的神学体系。无论是孔子还是王阳明都极为关注日常的生活。亚洲神学的确有助于破除古希腊理性主义传统带来的弊端，在彰显基督福音之同时，回溯到儒家伦理传统，这可能会为福音与中国文化的融合带来新的异象。但是，不少人批判您的亚洲神学属于自由主义神学并成为台独的理论来源。

答：亚洲神学是一种开放式的神学（open theology），而非一种自由神学（liberal theology）。而亚洲神学本身并不会推论出台独思想，也不支持台独运动。但是，一种神学会被利用，那不是神学本身应当发挥的作用。

## （二）亚洲神学：福音在亚洲的道成肉身

时间：2005 年 5 月 20 日（周五）上午 10：30－12：00

地点：美国加州柏克莱太平洋宗教学院（Pacific School of Religion, PSR）

问：目前的时代被冠以"后现代"、"后殖民"、"全球化"，等等。"后现代"的含义更多地指向"多元"和"异质"，其方法论旨在"解构""绝对的""中心主义"和"一元论"；"后殖民"重在凸出非西方，解构"西方中心主义"；"全球化"则试图描述出后冷战时代的共同潮流，即经济一体化和文化共融。在这三个描述性的界定中，我们能感受到当前潮流吊诡的一面：合中有异，异中有合。这种吊诡，既是我们生存的事实，也是我们生存的命运。亚洲神学在这种"全球化"、"后现代"、"后殖民"处境之中处于什么样的位置？

答：的确，世界神学发展正在经历一个巨大、明显的转向。在传统意义上，现代基督教神学研究的重镇是欧洲，其中以德国、英国和法国为主要的学术重地。但是，自二战以降，与上述世界现象相对应的是，基督教神学研究重镇已经并正在开始转移。大体上说，从地缘来看，这一转移的路线是"从欧洲到北美"。因此，二十一世纪之初的基督教神学不再以欧洲为核心，出现了"多核心"的景观。同时，基督教神学的研究主题也不再是黑格尔意义上的宏大叙事（grand narrative），人们神学研究的抱负越来越小，具体领域中的小问题日益成为人们研究和关注的焦点。大体上说，从研究对象来看，相对于过去的"总课题"（general subject-matter），"分课题"或"子课题"成为人们的兴趣所在。例如，在北美就不乏研究旧约的专家，如 Walter Brueggemann，在天主教神学中，美国芝加哥大学神学研究院教授特雷西[4]的思想一支独秀。就神学教育和训练来说，这些并不一定非欧洲莫属。这种神学研究的转向说明，欧洲中心主义已经被现实所否定。这也进一步证实"全盘西化"是行不通的，因为西方本身也是多元的，例如，就历史阶段的划分来说，就有"前现代－现代－后现代"或"前殖民－殖民－后殖民"的线性描述，"全盘""西方"如何可能？

问：亚洲神学是否已经具备一定的神学体系？

答：严格地说，所谓的"亚洲神学"实际上是指"亚洲处境中的神学"或"亚洲本土神学"。这里所说的"亚洲本土神学"是指福音在亚洲"道成肉身"的"神学"，即一种将基督教与亚洲文化传统相互结合，从而使基督福音成为亚洲文化中的一个部分的神学探索以及实践活动的总称。这种"成为"意指"更新"、"再生"。在基督教神学历史上，我们的主流传统所继承的基督十架故事来自于圣保罗，其中尤以罗马书为重。实际上，四福音书本身叙述了不同的十架故事。如果从四福音书来看十架信息，我们就会在保罗神学之外有"马太神学"、"马可神学"、"路加神学"和"约翰神学"等。因此，关于十架故事，我们就会有不同的故事。可以说，十架故事之中

---

4 特雷西（David Tracy，1939－）：当代神学家。

包含着故事。这样就形成了不同的神学传统。多元化的神学和／或传统告诉我们，因为它们中的每一个都宣告了十架信息，我们就不能局限于任何一个神学和／或传统本身。回到亚洲神学的话题上，亚洲神学也是一个复数。我们做亚洲神学（do Asian theologies），就是从亚洲背景来从事基督教的神学研究、教育和教会实践。亚洲神学的一个基本出发点是"福音可以在亚洲处境中道成肉身"。以此为出发点，亚洲处境的多元性和丰富性决定了亚洲神学是"复数"，而非只有一种研究路径。它们本身并没有一个普世的模式（universalist modal）。因为亚洲神学本身是复数，所以它们之间要"异中求同、合而不同"。作为神学理论和实践，亚洲神学研究者和实践者主要关注的是如何将福音活用于亚洲背景之中。他们并不局限于，也不束缚于传统，而是在更新传统的同时不断地形成新传统。我所致力的故事神学或叙事神学就是在这个方面做"一个"尝试，力图通过开放的对话来达到神学心灵的革新，即神学的最高诉求不在于为神学传统辩护，而在于心灵的更新，换言之，不在于理性（mind）的操练，而在于心灵（heart）的操练，在于在日常生活中彰显出对耶稣基督的委身（commitment to Jesus Christ）。卡尔·巴特（Karl Barth，1886－1968年）在这个方面提供了一个范例，二战前他做基督教教义学，二战中他转而做教会神学。这种心路历程反映出巴特深刻地认识到神学本身的最高诉求——神学本身成为神的足音。蒂利希（Paul Tillich，1886－1965年）曾经访问日本，在一次讲演之中直言，如果岁月允许，他会重新撰写系统神学。他发现，若从日本传统和经验来看基督教神学，那么必定会有一幅不同的景象。另外，还有特雷西、保罗·尼特（Paul Knitter，1939－，美国沙勿略大学神学教授，当代杰出的天主教思想家、普世神学家、社会活动家）等人也发现了这种问题，他们试图关注其他文化。但是，他们依然没有脱离西方传统来反拨西方。而以中国历史经验来看，在神学研究的方法论上，无论是"中学为体、西学为用"还是"西学为体、中学为用"都尚未脱离"某种"本位文化来进行变革。亚洲神学试图突破"以西方反西方"和"体用之辩"的困境，透过基督来更新亚洲处境中的心灵，透过耶稣来认识儒释道，展开文化的对话和交流。

　　问：从您的思想脉络来看，神创造世界和人类，人类自身的活动形成了文化，是故，在人类的文化之中有神的足音。这种思想与传统的基督教教义是一致的。我们透过亚洲文化，例如您透过中国的民间传说，在亚洲处境之中倾听到神的足音。在传统的基督教教义中，人类借着神的创造工作、自然界和历史来认识神的存在与属性。这种神的自然知识（natural knowledge of God）在某些方面与神的超自然知识（supernatural knowledge of God）符合，但是，基督教神学以圣经为真理的唯一基础，只有圣经才能教导神的宝贵而真实的知识，人借此而得到拯救。我们只有借着圣经才能得到基督的知识，除此没有其他途径。这种知识既是属于神的，也是属于三位一体的。超自然知识不是自然知识的补充，而是完全新的启示，人借着启示而知道神。那么，神的足音是否是神的一种启示？中国文化是否具有这种超自然的知识？

答：首先，亚洲神学是一神论神学，从而与否定神存在的无神论（atheism）、将神分割为许多神圣实体的多神论（polytheism）、将生命赋予物质并否定神是物质界以外和天上的主宰以及人的审判主的物活论（hylozoism）、否定灵性实体的存在并忽视物质和意识的差别的唯物论、主张"神即万有，万有即神，除了神之外不存在其他"的泛神论（pantheism）、认为人不可能知道有神存在的不可知论（agnosticism）不同。其次，亚洲神学主张持续创造论，从而与自然神论（Deism）有差别，后者认为有一位位格神创造世界，将统治世界的律法铭刻在世界之中，但是神此后退出世界，任凭世界按造自然律来统治。在前者看来，神持续创造世界，神的爱与公义不断地保守这个世界。其三，亚洲神学认为神的持续创造就是治疗（healing），基督的救赎就是治疗，因此在亚洲神学之中，创造和救赎是统一的。尽管基督教会突出救赎的层面，但是救赎也离不开创造。亚洲神学以创造论为基础，但是和救赎论之间并不冲突。神不仅创造世界，神也护佑（providence）或持续创造世界。这种神学将自身和悲观论（pessimism）区别开来。后者认为世界和生命本来是恶，世界即使不是最坏的，也是至少非常罪恶，没有什么比世界更加坏的。而亚洲神学是一种希望的神学，在神的救赎之下，人类还是有未来的希望。亚洲神学既不是无神进化论（Atheistic Evolution），即否定神的存在，认为物质和力量永远存在，将宇宙的进展归于自然力量，也不是有神进化论（Theistic Evolution），即认为神创造世界，进化为神的工作方式，使物质发展到今日的状态。亚洲神学认为神所创造的世界是美好的，在美好的世界之中人类的活动形成了自己的文化。但是，人类的文化会堕落，因此神要透过基督的救赎或持续创造来革新文化。人类历史的进程就是文化生长、败坏和被更新的过程。但是，文化变革的动力在于其内部的更新。耶稣基督的故事就提供了一个完美的典范。耶稣生于犹太家庭，精通犹太文化。耶稣在短暂的宣教之旅中绝非要彻底废除犹太文化及其传统，毋宁说他要从犹太文化及其传统内部更新犹太教。一言以蔽之，这种更新就是以福音从内部改变犹太文化。在马太福音 5:17 中，耶稣明确地宣告了他和犹太律法的关系："莫想我来要废掉律法和先知；我来不是要废掉，乃是要成全。"他甚至在马太福音 5:18 中特别强调说："我实在告诉你们，就是到天地都废去了，律法的一点一画也不能废去，都要成全。"但是，耶稣所坚持的律法观明显与以恪守律法著称的法利赛派不同，他们中有人曾经试探耶稣说："夫子，律法上的诫命，哪一条是最大的呢？"耶稣对他说："你要尽心、尽性、尽意爱主你的神。这是诫命中的第一，且是最大的"（参阅马太福音 22：36－38）。耶稣实际上以犹太教中的菁华或最高诫命来更新犹太教。换言之，基督福音生长于犹太教，基督对于犹太文化的更新是从犹太教内部做起的。我们后来的神学和实践更多地强调犹太教和基督教之间的断裂，而有意或无意地忽视了基督教的更新来自于也发生于犹太教内部。基督教"去犹太教"（de-Judaism）的历史、实践和理论是失败的。

问：在《孟姜女的眼泪》一书中，您特别强调自己的亚洲神学与拉丁美洲的解放神学存在着重要的差别。在您看来，两者的不同在于您并没有借鉴马克思主义思想资源。但是，您将政治神学划分为"强权"（Power）和"人民"（People）两个类型，主张只有人民掌握了真理。从这种方法及其理论中，我们还是能够感受到一丝马克思主义的气息。

答：在分析和理论阐述上，我的亚洲神学会和解放神学之间存在着相似性。但是，在根本上两者是不同的。如果说解放神学基本上以社会精英阶级为依托，从根本上放弃了接受福音的主体即社会弱势群体，那么，我探索的亚洲神学则以这些被忽略的群体为关怀对象，植根于中国的"小传统"来传达神的声音。如果说解放神学坚持社会革命，那么，亚洲神学高举的则是爱和怜悯，透过"眼泪"来诉求人自身生存的权利和愿望。

问：您在界定亚洲神学的时候，认为亚洲神学实际上不仅是一种理论探索，更是一种神学教育和教会实践。那么，在实践上，亚洲神学会有哪些作为？

答：亚洲神学最终目的不在于建构出一套理论体系，它离不开神学教育和教会实践。我们并不试图一揽子解决所有问题，我们与其要扫天下，不如先打扫我们自己的屋子，即从我们自身做起。在这个方面，亚洲神学要开展相关的神学教育，并在教会中更新布道信息。当前教会的问题之一就是将耶稣神化，将神—人的耶稣抽象化成为一种文化符号。这种神化策略的实质是巩固教会的既得利益。亚洲神学就是从底层做起，关注被忽略的人民及其日常生活，革新身边的教会。

## 二、生活中有追求正义的自由——亚洲新闻通讯社主任 Bernardo Cervellera 关于中国牧函访谈录

亚洲新闻通讯社主任 Bernardo Cervellera 带领一批意大利朋友于 2007 年 7 月访问上海，笔者于 2007 年 7 月 25 日晚 7：30－9：30 与他讨论教宗的中国牧函，就有关问题作了较为深入的讨论。以下是访谈的概要部分。其中 L 代表笔者，C 代表 Bernardo Cervellera。

L：我们已经有五年没有见面了。时光荏苒。非常高兴在上海再次见面。你此次中国之旅的行程和计划是什么？

C：主要是访问中国的香港、广州、上海和北京。在上海，我们一行 12 人参观了佘山神修院等地方。随团的人员大多数对中国一无所知，希望能够帮助他们了解中国的现状。我的目的是希望通过这种短期旅行帮助意大利人了解神秘又有活力的中国，一个不同于马可波罗（Marco Polo，1254－1324 年）笔下的中国。

L：我从海外媒体上知道，今年 1 月罗马教廷召开了中国教会特别会议。这次会议的目的是什么？

C：这次会议的目的是为中国牧函的起草做好准备工作。是次会议邀请了台湾、香港和澳门地区的主要的教会人物，谈论如何撰写牧函的事宜。香港的香港教区主教陈日君枢机积极支持发表牧函。

L：为什么教宗本笃十六世要发表这种牧函？

C：我想现任教宗之所以要发表中国牧函，主要出于两个方面的原因：从外在方面来说，主要是表达教宗对中国天主教会的愿望，对于他们曾经受到的迫害、已经在宗教生活上获得的进展表示关心；同时希望借此机会推动中国政府改变相关的立场，在实现现代化目标之同时，形成与现代社会相适应

的政治和法律原则：宗教信仰自由原则，政教分离原则等。这些原则就是要表明任何宗教能够自由地表达自己的信仰，将宗教信仰和政治分离开。在现代社会中，如果没有这种自由，那么中国就不可能得到真正的发展。另外，牧函有意要促动中国政府思考现代性和教会之间的关系。在当代中国社会中，现代性带来大量的问题，其中精神空虚就是最为紧迫的难题，在这种方面，宗教能够发挥良好的作用。

就内在方面来说，主要是在教理以及信仰上获得教会合一，让中国的地下和地上教会合一，让中国的天主教会和梵蒂冈合一。这种合一已经得到所有的地下教会的认同，也得到大多数地上教会的支持。教会合一是罗马天主教的传统，尊重信仰自由的社会应当尊重并允许这种合一。

L：在历史经验上，罗马天主教积极参与了政治，例如在波兰共产党垮台以及菲律宾马克斯政府倒台上，都曾经发挥了作用。而现代社会的一个基本原则，也是罗马教廷所主张的原则是政教分离。那么，你是如何看待这种政治和宗教的关系的？

C：罗马天主教在历史上从来没有愿望要推翻某个政府，但是她在生活中有追求正义的自由（Church does not want to overthrow the government, but to be free in the society for the justice）。

L：中国牧函有何特别需要注意到的目的？

C：我想有两个方面需要注意到：其一，牧函表明教宗要表达教会合一的愿望和迫切要求。表达方式是慈爱、温和和儒雅的，没有任何强迫之意。其中期望那些在官方教会中的隐秘教友（Hiding Catholics）能够公开表达自己的愿望和要求。其二，教宗试图表明在教会事务上主教要发挥作用，要为中国教会肩负责任，教产属于教会，不属于任何一个人。

L：世人都知道北京和梵蒂冈之间尚未建立外交关系，而且至今就许多问题继续在商量之中，为什么教宗要把北京和梵蒂冈已经私下讨论的问题全部公开？

C：西方人的思维与中国不同。西方人希望将问题公开讨论。我想现任教宗之所以这样做，其中的原因是：真理是公开的，自己坚信为真理的东西就要公开表达出来。教宗认为宗教合一等事情属于真理，应当要让世界上所有的人知道，并藉此来表达现代社会中宗教应当享有的条件：宗教信仰自由。

L：中国政府除了在记者招待会上提及中国牧函并表示抗议之外，对牧函本身几乎保持沉默，或者没有给出全面、直接的回应。教宗对此有何回应？

C：教宗的回应就是祈祷。他祈祷中国政府能够理解他的立场，即为中国人民提供宗教信仰自由权利。他也要求中国天主教徒以及全世界的天主教徒为中国教会和中国政府祈祷。

L：中国牧函和北京－梵蒂冈建立外交关系会联系在一起的。如果中国政府不接受中国牧函中提到的条件，那么梵蒂冈是否会在建立外交关系上妥协？

C：教宗希望能够终止在中国出现非合法的天主教宗教活动和组织。解决这个问题的答案就是要合一，而合一的前提是中国政府遵守信仰自由原则。在梵蒂冈看来，外交是宗教自由的工具。换言之，建立梵蒂冈－中国外交关系是为了保障中国天主教能够享有宗教信仰自由，反之，如果中国政府不能够保障宗教信仰自由，那么梵蒂冈不会放弃它的立场来委曲求全。

L：在中国大陆，如果天主教的地上教会和地下教会合一，在人数上会达到1，300万，在中国是一个非常大的NGO。中国政府可能还会担心合一后的天主教会会发生像波兰和菲律宾那样的事件。

C：在中国1，300万还是一个微小的数字，为什么中国政府会担忧呢？梵蒂冈希望中国天主教会与中国政府合作共同推动人民的福利，改善人民的生活状况。在中国历史上，没有发生过天主教推翻政府的事件，也不应当发生。

L：主教任命是一个敏感的问题，梵蒂冈就此有何立场？

C：主教任命的实质就是中国教会要与梵蒂冈自由地实行合一。教会的使命就是带来社会公正，像任何机构有自由表达自己的立场一样，梵蒂冈以及中国的天主教会也是如此。其次，任何罗马天主教主教必须是教宗的一个部分，中国也不例外。反之，任何不属于教宗的主教，就不是罗马天主教的主教了。